Das erste Sakrament

Das erste Sakrament

Betrachtungen und Bilder zur Taufliturgie

Herausgegeben von Anton Bauer und Werner Groß

RELIGIÖSE BILDUNGSARBEIT STUTTGART GMBH

Alle Rechte vorbehalten.
© Religiöse Bildungsarbeit Stuttgart GmbH – Verlag, Stuttgart
Satz: data comp fotosatz, Stuttgart
Herstellung: Georg Riederer, Stuttgart
Einbandgestaltung: Dieter Groß, Stuttgart
1. Auflage 1980
ISBN 3-921 005-40-X   (kt.)
ISBN 3-921 005-41-8   (mit Dias)

Vorwort

Auf Weisung des Zweiten Vatikanischen Konzils erschien im Jahre 1971 die offizielle liturgische Ausgabe „Die Feier der Kindertaufe in den katholischen Bistümern des deutschen Sprachgebietes". Die neu gefaßte Taufliturgie erleichtert die Mitfeier des grundlegenden Sakramentes der Kirche; mehr als früher nimmt sie die Situation der Kinder und ihrer Eltern ernst. Das der Tauffeier nun vorangehende Taufgespräch will in erster Linie den Eltern eine vertiefte Sicht des „Bades der Wiedergeburt und der Erneuerung im Heiligen Geist" (Tit 3,5) vermitteln. Für die Taufpastoral sind die der neuen Taufordnung vorangestellten, ausführlichen „Vorbemerkungen" wichtig, die theologische, pastorale und liturgische Aspekte der Taufe hervorheben.

Die neue Taufliturgie macht mehr als bisher die lebenslange Aufgabe eines Christen deutlich, die eigene Taufe geistlich einzuholen und aus ihr zu leben. Eine der Taufe gemäße Spiritualität ist vonnöten. Mit seinen Betrachtungen und Bildern möchte das vorliegende Buch dazu Anregungen und Impulse anbieten. Weiterführende Verständnishilfen für das Taufsakrament sind in den acht Betrachtungen dieses Bandes gesammelt; dabei werden die Worte und Zeichen der Tauffeier besonders berücksichtigt und ausgelegt. Der Titel der Schrift orientiert sich an einer Aussage der „Vorbemerkungen" (Nr. 4): „Die Taufe, das Tor zum Leben und zum Gottesreich, ist das erste Sakrament der neuen Ordnung, die Christus für alle angeordnet hat, damit sie das ewige Leben haben".

Wie das im Jahre 1979 veröffentlichte Buch „Gedächtnis des Herrn" enthält auch der vorliegende Band Miniaturen aus dem „Stuttgarter Bilderpsalter". Diese überaus wertvolle Handschrift der Württembergischen Landesbibliothek, Stuttgart (Bibl. fol. 23), ist ungefähr im Jahrzehnt von 820 bis 830 in Saint-Germain-des-Prés (Paris) entstanden. Sie überliefert einen der umfangreichsten mittelalterlichen Bilderzyklen zu den Psalmen; ihre 316 farbigen Illustrationen „zeigen eine Lebendigkeit und Vehemenz, die echt karolingisch ist ..." (Hermann Josef Frede). Zur Verdeutlichung wesentlicher theologischer Grundgedanken der Taufe wurden acht Miniaturen ausgewählt. Jeder der Psalterillustrationen ist eine Bildbetrachtung beigefügt.

Zu Dank verpflichtet sind die Herausgeber den Grafischen Kunstanstalten E. Schreiber, Stuttgart, die uns wiederum die Druckvorlagen aus dem vollständigen Faksimile-Lichtdruck der Handschrift (1969–1970) überlassen haben.

Die ersten Anregungen zu dieser Schrift stammen von Einführungskursen und Besinnungstagen für Kommunionhelfer der Diözese Rottenburg-Stuttgart. Ihnen ist deshalb das vorliegende Buch zuerst zugedacht. Bei der Auswahl der Bilder und der Niederschrift der Beiträge hatten die sechs Verfasser aber auch die Mitchristen im Blick, die nach der bleibenden Bedeutung ihrer Taufe fragen. Schließlich will dieser Band alle, die eine Tauffeier erleben, auf die Gabe und Aufgabe des ersten der sieben Sakramente aufmerksam machen.

Rottenburg, im September 1980

Werner Groß

Inhalt

Die Anfänge der Taufe	9
Bildbetrachtung – Werner Groß	18
Das Zeichen des Wassers	21
Bildbetrachtung – Heribert Feifel	26
Das Sakrament des Glaubens	29
Bildbetrachtung – Hubert Götz	34
Auserwählt zur Kindschaft Gottes	37
Bildbetrachtung – Heribert Feifel	42
Berufen zur Gemeinschaft mit Jesus Christus	45
Bildbetrachtung – Otto Schneider	50
Erfüllt mit dem Heiligen Geist	53
Bildbetrachtung – Hans Kreidler	58
Eingegliedert in die Kirche	61
Bildbetrachtung – Anton Bauer	66
Die Erneuerung der Taufe	69
Bildbetrachtung – Werner Groß	76
Psalmtexte zu den Miniaturen	79

Die Anfänge der Taufe

„Die christliche Taufe ist der Anfang eines neuen Lebens, eines Lebens in der Gemeinschaft mit Christus Jesus und mit allen, die durch ihn glauben..."[1] So beginnt ein im Jahre 1980 erschienener Katechismus, die Taufe zu beschreiben. Verwendet werden dafür neutestamentliche Begriffe und Gedanken. Wer die Taufe verstehen will, muß das Neue Testament aufschlagen. Dort sind die grundlegenden Aussagen zu finden. Das Neue Testament spricht oft von der Taufe, nicht selten aber nur andeutungsweise und zwischen den Zeilen. Eine zusammenhängende Darstellung der Lehre von der Taufe bietet keine der neutestamentlichen Schriften. Sie sehen die Taufe vor allem als „Lebensprogramm"[2]; deshalb begründen sie ihre vielfältigen Ermahnungen zu einem christlichen Leben meistens mit diesem einmaligen und einzigartigen Heilszeichen.

Wie das Neue Testament die Taufe sieht

Die Taufe reicht in große, kaum auslotbare Tiefen. Das muß bei allen Aussagen über die Taufe berücksichtigt werden; man vermag es „gar nicht mit einem Wort oder Bild zu fassen, was das Taufgeschehen ausmacht und bewirkt"[3]. Aus der Vielzahl neutestamentlicher Taufgedanken werden hier fünf bedeutsame Stichworte vorgestellt und kurz erläutert:[4]

Taufe „auf den Namen Jesu Christi"

Bei der Taufe wurde der Name Jesu über dem Täufling ausgerufen oder von ihm selbst angerufen. Deshalb spricht das Neue Testament von der Taufe „auf den Namen Jesu Christi" (Apg 2,38), „auf den Namen Jesu, des Herrn" (Apg 8,16), „auf Christus Jesus" (Röm 6,3), „auf Christus" (Gal 3,27) und fügt hinzu: „Es ist uns Menschen kein anderer Name unter dem Himmel gegeben, durch den wir gerettet werden sollen" (Apg 4,12).

Wo ein Name ausgerufen wird, ist der Genannte gegenwärtig. Die Taufe schenkt Gemeinschaft mit Jesus Christus. Der Getaufte wird in die Schicksalsgemeinschaft mit dem Gekreuzigten und Auferstandenen aufgenommen, so daß der Tod und die Auferstehung Christi den Christen von Grund auf prägen. Diese Sicht der Taufe entfaltet der Apostel Paulus am deutlichsten: „Wißt ihr denn nicht, daß wir alle, die wir auf Christus Jesus getauft wurden, auf seinen Tod getauft worden sind? Wir wurden mit ihm begraben durch die Taufe auf den Tod; und wie Christus durch die Herrlichkeit des Vaters von den Toten auferweckt wurde, so sollen auch wir als neue Menschen leben. Wenn wir nämlich ihm gleich geworden sind in seinem Tod, dann werden wir mit ihm auch in seiner Auferstehung vereinigt sein" (Röm 6,3–5).

Vergebung der Sünden

„Christus ist für unsere Sünden gestorben" (1 Kor 15,3). Wer in der Taufe mit ihm in Gemeinschaft tritt, erlangt Vergebung seiner Sünden. Petrus fordert in seiner Pfingstpredigt seine Hörer auf: „Kehrt um, und jeder von euch lasse sich auf den Namen Jesu Christi taufen zur Vergebung seiner Sünden; dann werdet ihr die Gabe des Heiligen Geistes empfangen" (Apg 2,38). Paulus erinnert die Christen in Korinth an ihre Taufe: „Ihr seid reingewaschen, seid geheiligt, seid gerecht geworden im Namen Jesu Christi, des Herrn, und im Geist unseres Gottes" (1 Kor 6,11). Die Taufe hat reinigende Kraft.

Kraft des Heiligen Geistes

Die Taufe befreit von den Sünden und schenkt zugleich die Kraft des Heiligen Geistes. In der Sicht des Neuen Testaments gehört beides unlösbar zusammen. Die eine Taufe vermittelt die Vergebung der Sünden und die Gaben des Heiligen Geistes. Aus der Taufe gehen „geistliche" Menschen hervor, die freilich werden müssen, was sie sind. In jedem Getauften lebt Gottes Geist, führt ihn und schenkt ihm die Gaben, die er für andere braucht. Der Apostel Paulus hat die Taufe im Blick, wenn er der Gemeinde in Rom schreibt: „Die Liebe Gottes ist ausgegossen in unsere Herzen durch den Heiligen Geist, der uns gegeben ist" (Röm 5,5).

Aufnahme in die Kirche

Der Geist Gottes sammelt, was zerstreut ist, und vereinigt, was vereinzelt ist. Er ist der Geist der Einheit. Er führt die Getauften zur Kirche Jesu Christi zusammen. In der Kraft des Heiligen Geistes gliedert die Taufe in die Kirche ein. Paulus betont das gegenüber der Gemeinde von Korinth: „Durch den einen Geist wurden wir in der Taufe alle in einen einzigen Leib aufgenommen, Juden und Griechen, Sklaven und Freie; und alle wurden mit dem einen Geist getränkt" (1 Kor 12,13). Taufe und Kirche gehören in einen untrennbaren Zusammenhang. Eine geprägte Formel des Epheserbriefes sagt: „*Ein* Leib und *ein* Geist, wie euch durch eure Berufung auch *eine* gemeinsame Hoffnung gegeben ist; *ein* Herr, *ein* Glaube, *eine* Taufe, *ein* Gott und Vater aller, der über allem und durch alles und in allem ist" (Eph 4,5–6).

Wiedergeburt

Der Heilige Geist erneuert das Antlitz der Erde (vgl. Ps 104,30). Er schenkt neues Leben. Daher nennt das Neue Testament die Taufe das „Bad der Wiedergeburt und der Erneuerung im Heiligen Geist" (Tit 3,5) und die neue Geburt „aus Wasser und Geist" (Joh 3,5). Die Lobpreisung zu Beginn des Ersten Petrusbriefes, dem wohl eine urchristliche Taufansprache zugrunde liegt,[5] greift diese Kennzeichnung der Taufe ebenfalls auf: Gott „hat uns in seinem großen Erbarmen neu geboren, damit wir durch die Auferstehung Jesu von den Toten eine lebendige Hoffnung haben" (1 Petr 1,3). Kein Mensch vermag sich das neue Leben der Taufe selbst zu verschaffen; Gott allein kann es schenken. „Das neue Leben ist Hoffnung, nicht schon Besitz. Die Hoffnung ist jedoch nicht nichtig und tot, sondern Verheißung des Lebens, das vorweggenommen und verbürgt ist durch die Auferstehung Jesu in das Leben."[6]

Österliches Heilszeichen

Die neutestamentliche Deutung der christlichen Taufe wird ergänzt durch zwei höchst bedeutsame Sachverhalte: Die Kirche spendete von Anfang an mit größter Selbstverständlichkeit die Taufe, obwohl Jesus selbst nicht getauft hatte.[7] Jesus aber hatte sich zu Beginn seiner messianischen Wirksamkeit von Johannes im Jordan taufen lassen. Auch ein Teil der späteren Jünger Jesu war von Johannes getauft worden. Wenn sich die Taufe des Johannes und die Taufe der Kirche auch unterscheiden, „im Ursprung"[8] liegen die Taufe „zur Vergebung der Sünden" (Mk 1,4) und die Taufe „auf den Namen Jesu Christi" (Apg 2,38) nahe beieinander. Nach Ostern wird das äußere Zeichen der Johannestaufe „mit der neuen Wirklichkeit Jesu gefüllt"[9].

Die christliche Taufe hat ihren Grund in Jesus Christus, in seinem Leben, in seinem Tod am Kreuz und seiner Auferstehung sowie in der Herabkunft des Heiligen Geistes. Sie ist ein österliches Heilszeichen. Deshalb kann das Matthäusevangelium schließlich den auferstandenen und erhöhten Herrn den ausdrücklichen Taufauftrag an die Kirche sprechen lassen:[10] „Geht zu allen Völkern, und macht alle Menschen zu meinen Jüngern; tauft sie auf den Namen des Vaters und des Sohnes und des Heiligen Geistes..." (Mt 28,19). Hinter jeder Taufe steht die an Ostern ein für allemal bestätigte Autorität des Herrn. Wo und wann immer getauft wird, ist Jesus Christus gegenwärtig.

Wie die Taufe gefeiert wurde

Von allem Anfang an wurde in der Kirche die Taufe gespendet, aber das Neue Testament enthält keine ausführliche Beschreibung einer Tauffeier. Zahlreich jedoch sind die Spuren der urchristlichen Taufliturgie.

Bekenntnisse und Hymnen

Umkehr und Glaube führen zur Taufe. Daher gehörte das Glaubensbekenntnis in Frage und Antwort (vgl. Apg 8,37) immer zur Tauffeier. Vor allem in den Apostelbriefen finden sich viele Bekenntnisformulierungen. Eine der ältesten Stellen hielt der Apostel Paulus im Römerbrief fest:[11] „Wenn du mit deinem Mund bekennst: ‚Jesus ist der Herr' und in deinem Herzen glaubst: ‚Gott hat ihn von den Toten auferweckt', so wirst du gerettet werden. Wer mit dem Herzen glaubt und mit dem Mund bekennt, wird Gerechtigkeit und Heil erlangen" (Röm 10,9–10). Das für ein Christenleben grundlegende Bekenntniswort „Jesus ist der Herr" (vgl. 1 Kor 12,3; Phil 2,11) wird auf vielerlei Weise entfaltet; dafür ein Beispiel[12]: „Wegen unserer Verfehlungen wurde er hingegeben, wegen unserer Gerechtmachung wurde er auferweckt" (Röm 4,25). „Das Bekenntnis ‚Herr ist Jesus' hängt eng zusammen mit der Taufe ‚im Namen Jesu Christi'."[13]

Bei der urchristlichen Taufe wurden Hymnen gesungen. Einige dieser geistlichen Lieder werden im Neuen Testament zitiert. „Ein von lebendiger Hoffnung erfülltes Lied, vielleicht ein Bruchstück aus einem Taufhymnus"[14] überliefert der Zweite Brief an Timotheus:

„Wenn wir mit Christus gestorben sind,
werden wir auch mit ihm leben;
wenn wir standhaft bleiben,
werden wir auch mit ihm herrschen;
wenn wir ihn verleugnen,
wird auch er uns verleugnen.
Wenn wir untreu sind,
bleibt er doch treu,
denn er kann sich nicht verleugnen"
(2 Tim 2,11–13).

Der Epheserbrief erwähnt einen gottesdienstlichen Spruch, der vermutlich aus der urchristlichen Taufliturgie stammt:[15]

„Wach auf, du Schläfer,
und steh auf von den Toten,
und Christus wird dein Licht sein" (Eph 5,14).

Taufe auf den Namen des dreifaltigen Gottes

Eine um das Jahr 100 in Syrien entstandene urchristliche Gemeindeordnung, bekannt unter dem Namen „Zwölfapostellehre", nennt nähere Einzelheiten über die Spendung der Taufe: „Was die Taufe betrifft, so sollt ihr taufen: Nachdem ihr alles dieses vorher mitgeteilt habt (= Unterweisung über den ‚Weg des Lebens' und den ‚Weg des Todes'), taufet auf den Namen des Vaters und des Sohnes und des Heiligen Geistes, und zwar in lebendem Wasser. Hast du aber kein lebendes Wasser, so taufe in anderem Wasser. Wenn du es nicht kannst in kaltem, dann in warmem. Wenn du aber beides nicht hast, so gieße dreimal Wasser auf das

Haupt im Namen des Vaters und des Sohnes und des Heiligen Geistes. Vor der Taufe aber sollen ein vorbereitendes Fasten halten der Taufende und der Täufling, und wenn noch einige andere es vermögen. Dem Täufling aber gebiete, daß er einen oder zwei Tage vorher faste"[16] (7,1–4).

Dreigliedriges Taufbekenntnis

Zu Beginn des dritten Jahrhunderts beschreibt Hippolyt von Rom († 235) in seiner Schrift „Apostolische Überlieferung" die Vorbereitung und Spendung der Taufe. Ein meist dreijähriges Katechumenat geht der Taufe voraus, die in der Osternacht geschieht. Die Tauffeier beginnt mit einer dreifachen Abschwörung an den Satan; daran schließt sich das dreigliedrige Bekenntnis des Glaubens:

„Glaubst du an Gott, den Vater, den Allmächtigen?
Glaubst du an Jesus Christus, den Sohn Gottes, der geboren ist aus dem Heiligen Geiste und der Jungfrau Maria, der gekreuzigt wurde unter Pontius Pilatus, gestorben ist und am dritten Tage lebend von den Toten erstanden ist, aufgefahren ist zum Himmel und sitzt zur Rechten des Vaters, der kommen wird zu richten die Lebenden und die Toten?
Glaubst du an den Heiligen Geist in der Heiligen Kirche?"[17]

Nach jeder Frage und Antwort wird der im Taufbecken stehende Täufling in das Wasser eingetaucht. Darauf folgt die Salbung und die Handauflegung durch den Bischof. Die Tauffeier geht dann über in die erste Eucharistiefeier der Gemeinde mit ihren neugetauften Gliedern.

Taufe in der Osternacht

In ähnlicher Weise feierte man zu Lebzeiten des Bischofs Augustinus († 430) in der nordafrikanischen Stadt Hippo die Taufe. Aus den Briefen und Predigten Augustins läßt sich die damalige Tauffeier in etwa rekonstruieren:

Die Tauffeier findet in der Osternacht statt. „Am Ende der Vigilfeier, vielleicht beim Hahnenschrei gegen Tagesanbruch, ist die Stunde der Wiedergeburt da." Die Taufbewerber schwören dem Bösen ab. Darauf ziehen sie in Prozession zum Becken in die Taufkirche. „Dann legen die Täuflinge sämtliche Kleider ab, wahrscheinlich in den Nischen des Rundgangs oder in den Nebenräumen. Sie lösen ihr Haar und legen ihre Gürtel ab; keine Haarnadel bleibt auf ihrem Kopf, kein Hänger in den Ohren, kein Ring am Finger, kein Amulett um den Hals. Sie betreten den mystischen Mutterschoß, wie sie den irdischen Mutterschoß verlassen haben. Jeder ist von Kind an durch das Leben in den Thermen an diese Unbefangenheit gewöhnt – man schläft ja auch zu Hause nackt unter der Decke. Die Männer stehen auf der einen Seite, auf der anderen die Frauen, die von den Diakonissen und älteren Frauen bedient werden. Einer nach dem andern steigen sie im Lampenschein durch die ein wenig zurückgeschobenen Vorhänge die Stufen hinunter in das strömende Wasser, wobei ihnen die Subdiakone und Taufpaten behilflich sind. Erst kommen die Kinder, dann die Männer und schließlich die Frauen. Der Täufling muß, wie der Bischof sagt, ‚hinabsteigen, denn die Teilnahme an den Leiden des Herrn verlangt Demut'. Das Becken ist nicht tief... Dann klingen die uralten Fragen auf: Glaubst du an den Vater? Glaubst du an den Sohn? Glaubst du an den Heiligen Geist? Glaubst du an die heilige Kirche, den Nachlaß der Sünden, die Auferstehung des Fleisches? – und die inbrünstige Antwort: Ich glaube! Dreimal wird der Täufling im Wasser getauft, das erstemal im Namen des Vaters, dann im Namen des Sohnes und schließlich im Namen des Heiligen Geistes. Wir wissen nicht, wie dieses dreifache ‚Taufen, Eintauchen, Untertauchen' ... vor sich ging, ob der Täufling vom diensttuenden Diakon bei den Schultern gefaßt und ‚mit gebogenem Hals' unter den Strahl des niederströmenden Leitungswassers gehalten oder hockend mit Schultern oder Kopf in die volle Piscina (= Becken) getaucht wurde, oder ob er durch reichliche Begießung von Kopf und Brust getauft wurde, wobei er bis zu den Knien oder Hüften im geweihten Wasser stand. Wir wissen nur, daß die eigentliche Taufhandlung dreimal vollzogen wurde, jeweils beim Nennen der einzelnen Namen von Vater, Sohn und Heiligem Geist."[18]

Erwachsenentaufe – Kindertaufe

Die Taufe wurde ursprünglich Erwachsenen gespendet. Sie konnten der Aufforderung Jesu in freier Entscheidung nachkommen: „Kehrt um, und glaubt an das Evangelium" (Mk 1,15). Umkehr ist der Anfang des Glaubens an Jesus den Christus, „sie ist damit grundlegend auch für die Taufe, das Sakrament des Glaubens"[19].

Hier stellt sich die viel diskutierte Frage nach der Kindertaufe. Ihre Anfänge „liegen im Dunkeln, im Schweigen der Geschichte"[20]. Freilich wurden schon sehr früh Kinder aus christlichen Familien getauft. In der Kirchenordnung des Hippolyt von Rom steht bei den Anweisungen über die Taufe in der Osternacht: „Dann soll man zuerst die Kinder taufen. Diejenigen, die sprechen können, sollen selber sprechen. Für diejenigen, die es nicht können, sollen ihre Eltern oder jemand aus der Familie sprechen".[21] Der Glaube der Eltern und der Familie tritt stellvertretend ein für den Taufbewerber, der noch keine selbständige Glaubensentscheidung treffen und bekunden kann.[22]

Zu Beginn des Mittelalters ist ein Wandel in der Taufliturgie festzustellen. „Die Taufe der Erwachsenen war seltener geworden, da in den Mittelmeerländern allmählich die ganze Bevölkerung christlich war. Die Taufe wurde nun fast ausschließlich als Kindertaufe gespendet."²³ Man übertrug die Gebräuche und Zeichen der Erwachsenentaufe auf die Kindertaufe und faßte sie zu einer Feier zusammen.²⁴ Dieser Kindertaufritus, der später in das amtliche „Rituale Romanum" (1614) aufgenommen wurde, blieb bis zum Zweiten Vatikanischen Konzil in Kraft. „Die entscheidende Ungereimtheit" dieses Ritus „war die, daß er im Grunde kein Taufritus für Kinder, das heißt Säuglinge war, sondern ein für Säuglinge verwendeter, verkürzter Erwachsenentaufritus".²⁵

Der in der Liturgie-Konstitution des Zweiten Vatikanischen Konzils (1963)²⁶ mit Recht geforderte neue Kindertaufritus erschien 1971 in deutscher Sprache unter dem Titel „Die Feier der Kindertaufe". Der erste eigens für Kinder erarbeitete Taufritus in der Geschichte der katholischen Kirche!

Sicher ist, daß der Aufbau der Tauffeier jetzt überschaubarer und durchsichtiger, verständlicher und leichter vollziehbar geworden ist. Die Taufliturgie beginnt mit dem Empfang der Kinder; die Eltern und Paten bitten in der Öffentlichkeit der Gemeinde um die Taufe. Daran schließt sich ein Wortgottesdienst mit Schriftlesung, Homilie, Antwortgesang und Fürbitten an; dieser neue Teil der Kindertaufe will vor der eigentlichen Tauffeier die Eltern, die Paten und die versammelte Gemeinde im Glauben bestärken und im Gebet um die Gnade des Sakramentes vereinen (vgl. Vorbemerkungen, Nr. 11). Im Verlauf des Wortgottesdienstes bezeichnen die Eltern und Paten sowie der Taufspender den Täufling mit dem Kreuz auf der Stirn. Wie seit eh und je besteht das Kernritual unverändert aus der Absage und dem Bekenntnis und der Spendung der Taufe. Darauf folgen Zeichen, die das sakramentale Geschehen je auf ihre Weise deuten: in erster Linie die Chrisam-Salbung, dann die Überreichung des weißen Kleides und der brennenden Kerze. Ihren Abschluß findet die Tauffeier am Altar, wo die Gemeinde „zum Zeichen der späteren Teilnahme des Täuflings an der Eucharistie" (Vorbemerkungen, Nr. 15) das Vaterunser spricht und den Segen empfängt.

Das Konzil verlangte in der Liturgie-Konstitution nicht nur eine Neufassung des Kindertaufritus, sondern auch des Erwachsenentaufritus.²⁷ „Die Feier der Eingliederung Erwachsener in die Kirche" ist eine 1975 veröffentlichte und zur Erprobung freigegebene Studienausgabe der Erwachsenentaufe betitelt.

Die Leitlinien für jede Taufe hier und heute gehen auf die Anfänge dieses ersten Sakramentes zurück, wie sie im Neuen Testament und in der Tradition der Kirche sichtbar werden. Der Ursprung bleibt maßgebend – für die ganze Kirche und jeden einzelnen Getauften, für die Taufspender und die Taufbewerber, für die Gegenwart und die Zukunft.

Werner Groß

Anmerkungen

1 Grundriß des Glaubens. Katholischer Katechismus zum Unterrichtswerk Zielfelder ru. München 1980, 156.
2 a.a.O. 160.
3 Raphael Schulte, Die Umkehr (Metanoia) als Anfang und Form christlichen Lebens, in: Mysterium Salutis V. Zürich-Einsiedeln-Köln 1976, 117–197, hier: 144.
4 Karl Hermann Schelkle, Theologie des Neuen Testaments IV/2. Düsseldorf 1976, 117–139. Rudolf Schnackenburg, Die Taufe in biblischer Sicht, in: Waldemar Molinski, Diskussion um die Taufe. München 1971, 15–36. Schulte a.a.O.
5 Vgl. Karl Hermann Schelkle, Die Petrusbriefe – Der Judasbrief (Herders Theologischer Kommentar zum Neuen Testament XIII/2). Freiburg-Basel-Wien 1961, 4–5.
6 Schelkle, Theologie des Neuen Testaments 127–128.
7 Vgl. Gerhard Lohfink, Der Ursprung der christlichen Taufe, in: Theologische Quartalschrift 156 (1976), 35–54.
8 Theodor Schneider, Zeichen der Nähe Gottes. Mainz 1979, 85.
9 a.a.O. 87.
10 Vgl. Karl Kertelge, Der sogenannte Taufbefehl Jesu (Mt 28,19), in: Hansjörg Auf der Maur/Bruno Kleinheyer, Zeichen des Glaubens. Zürich-Freiburg 1972, 29–40.
11 Otto Michel, Der Brief an die Römer (Kritisch-exegetischer Kommentar über das Neue Testament). Göttingen[4] 1966, 258.
12 a.a.O. 127–128.
13 a.a.O. 258.
14 Joseph Reuss, Der zweite Brief an Timotheus (Geistliche Schriftlesung 16). Düsseldorf 1965, 49.
15 Heinrich Schlier, Der Brief an die Epheser. Düsseldorf 1957, 240–242.
16 Übersetzung aus: Die Zwölfapostellehre. Hrsg. von Ludwig A. Winterswyl. Freiburg 1939, 21.
17 Josef Andreas Jungmann, Liturgie der christlichen Frühzeit. Freiburg (Schweiz) 1967, 86.
18 F. van der Meer, Augustinus der Seelsorger. Köln 1951, 427–430.
19 Schneider, Zeichen der Nähe Gottes 73.
20 a.a.O. 99.
21 Zit. in: Jungmann, Liturgie der christlichen Frühzeit 84.
22 Vgl. den Aufweis der tragenden theologischen Elemente für die Kindertaufpraxis, in: Schneider a.a.O. 102–103.
23 Jungmann a.a.O. 239.
24 Vgl. Alois Stenzel, Die Taufe. Eine genetische Erklärung der Taufliturgie. Innsbruck 1958.
25 Balthasar Fischer, Ein neuer Ritus der Kindertaufe, in: Gottesdienst 3 (1969), 97–99, hier: 98.
26 Art. 63.
27 Art. 64 ff.

Jesus hängt aufrecht am Kreuz. Ihm zur Seite steht seine Mutter Maria. Sie läßt ihren Sohn in seiner letzten Stunde nicht allein, doch in ihrem Schmerz und ihrer Trauer wendet sie den Blick von ihm ab. Sie wird gestützt von einer der Frauen, die Jesus schon in Galiläa nachgefolgt waren und ihm gedient hatten (Mk 15,41). Ein römischer Soldat, der einen Schwamm in Essig tauchte und ihn auf einen Stock steckte, gibt Jesus zu trinken (Mk 15,36).

Doch unser Bild erinnert an eine weitere Szene der Leidensgeschichte Jesu, die das Johannesevangelium ausführlich beschreibt: „Als die Soldaten zu Jesus kamen und sahen, daß er schon tot war, zerschlugen sie ihm die Beine nicht, sondern einer der Soldaten öffnete mit der Lanze seine Seite, und sogleich floß Blut und Wasser heraus" (Joh 19,33f). Eine der tiefsinnigsten Deutungen dieser geheimnisvollen Stelle stammt von Augustinus: „Eines vorsichtigen Wortes bediente sich der Evangelist, da er nicht sagte: Er durchbohrte seine Seite, oder er verwundete sie, sondern: Er öffnete, damit dort gewissermaßen die Tür des Lebens aufgehen würde, woher die Sakramente der Kirche flossen, ohne die niemand zum wahren Leben eingeht. Jenes Blut ist zur Vergebung der Sünde vergossen worden; jenes Wasser mischt den heilsamen Kelch; es gewährt sowohl Bad wie Trank".

Der Tod Jesu am Kreuz ist der Ursprung der Sakramente der Taufe und der Eucharistie. Was diese beiden Sakramente vermitteln, verdanken sie dem Sterben des Herrn: Leben und Heil. „Der Kreuzestod mündet in die Sakramente" (Josef Heer). Das Leben der Christen kommt aus dem Tod Christi. Das Heil wird im Wasser der Taufe und im Blut der Eucharistie geschenkt.
Johannes bestätigt ausdrücklich und feierlich seine Schilderung: „Und der, der es gesehen hat, hat es bezeugt, und sein Zeugnis ist wahr. Und er weiß, daß er Wahres berichtet, damit auch ihr glaubt. Denn das ist geschehen, damit sich das Schriftwort erfülle: Man soll an ihm kein Gebein zerbrechen. Und ein anderes Schriftwort sagt: Sie werden auf den blicken, den sie durchbohrt haben" (Joh 19,35–37).
Der Gekreuzigte – auf unserem Bild überlebensgroß dargestellt – ist der erhöhte Herr. Wer die Taufe empfängt und die Eucharistie feiert, wird mit den Augen des Glaubens auf ihn blicken und in ihm „das Leben in Fülle" finden (Joh 10,10).

F iat mensa eorum coram ipsis in laqueum
 & in retributiones & in scandalum
O bscurentur oculi eorum ne uideant
 & dorsum eorum semper incurua
E ffunde sup eos iram tuam & furor irę tuę conprehendat eos
F iat habitatio eorum deserta
 & in tabernaculis eorum non sit qui inhabitet &

Das Zeichen des Wassers

Urelement des Lebens

Wer dem Verdursten nahe war, weiß um das Lebenswunder des Wassers. Die Erde hängt an den Wasseradern wie die Frucht an der Nabelschnur der Mutter. Mit Pflanze und Tier erfährt der Mensch das Wasser als Anfang und Bedingung seines erdhaften Seins. So wird das Wasser in Mythos und Religion zum Inbild des Lebens.
Die Heilige Schrift verbindet mit dem Wasser die Geschichte Gottes mit dem Menschen. Es wird Spiegel und Gleichnis für das Leben des Menschen von Gott her und auf Gott hin.

Bereits auf den ersten Seiten der Bibel ist im Schöpfungsbericht vom Wasser die Rede (Gen 1,1–2,4a). Der Schöpfungsbericht ist kein Bericht, keine wissenschaftliche Erklärung, wie Weltall – Erde – Mensch geworden sind. Diese Geschichte ist ein Loblied, ein Psalm auf den Schöpfer-Gott, der durch sein Wort „schafft", also Leben ins Dasein ruft. „Denn er sprach, und es geschah; er gebot, und es stand da" (Ps 33,9). Am Ende eines jeden Tagwerks (Strophe) steht der Refrain: „Gott sah, daß es gut war". Dem Menschen wird diese Schöpfung übereignet. Er erlebt sie als Paradies, in dem alles seine Ordnung und seine Zeit hat. Dort fließen die Wasser des Lebens und machen die Erde zu fruchtbarem Land.

Das Wasser als Urelement des Lebens ist also ein Zeichen (Sakrament), das aus sich heraus auf seine Wirkkraft verweist. Darum sagt eines der Gebete zur Taufwasserweihe: „Allmächtiger, ewiger Gott. Von Anbeginn der Welt hast du das Wasser zu einem Sinnbild des Lebens gemacht".

In den Vorbemerkungen zur „Feier der Kindertaufe" wird deshalb darauf Wert gelegt, daß das Taufwasser „wegen seiner Zeichenhaftigkeit" „gewöhnliches und reines Wasser" sei (Nr. 49). Auch soll der Taufbrunnen „so eingerichtet werden, daß das Wasser in das Becken einfließen und daraus abfließen kann. Eine solche Einrichtung wird empfohlen, weil fließendes Wasser ein deutlicheres Zeichen des Lebens ist" (Nr. 50).

Vorbild des Taufbrunnens ist die Tempelquelle

in der Vision des Propheten Ezechiel (47,1–12). Sie entspringt an der rechten Seite des Tempels und fließt unter der Schwelle des Heiligtums hervor, nach Osten hin. Sie schwillt zu einem gewaltigen Strom an. An dessen Ufer wachsen Bäume mit unverwelklichem Laub und immer frischen Früchten, den Menschen zur Nahrung und Heilung. So fließen vom Taufbrunnen die Wasser des Lebens durch die Geschichte der Menschheit hin: Israel trinkt vom Wasser, das Mose aus dem Fels schlug (Ex 17,6); die Kirche trinkt das Wasser, das aus der Seite des gekreuzigten Messias fließt (Joh 19,34).

Jesus macht sich für die Seinen zum Brunnen des Lebens, damit jeder, der daraus schöpft, nie mehr dürste (vgl. Joh 4,14). Deshalb antwortet die Taufgemeinde:

„Du Heiland, der Labung den Dürstenden gibt,
Erlöser, der uns bis zum Ende geliebt...
Du Quell, der in unsere Wüste sich gießt,
du Strom, der ins ewige Leben fließt"
(Gotteslob 483, 3.9).

Wasser der Wiedergeburt

Wer ein erfrischendes Bad genommen hat, fühlt sich wie neugeboren. Verständlich, daß die Kirche bei der Taufspendung für die Täuflinge um „das neue Leben" bittet.

Geburt ist Anfang und Aufgang des Lebens. Eltern meinen, sie halten im Neugeborenen ein Leben in Händen, das kein Ende kennt. Sind wir älter geworden, bedrückt uns die Erfahrung, daß alles Leben ein Dasein zum Tod ist. Wir werden geboren, um wieder zu sterben. Die antike Tragödie hat diesen Zustand des Menschen bitter beklagt. Schicksal, mit dem wir uns abfinden müssen. Oder gibt es ein Entrinnen aus diesem tödlichen Teufelskreis? Nikodemus fragt Jesus beim Nachtgespräch: „Wie kann ein Mensch geboren werden, wenn er alt ist? Kann er etwa zum zweitenmal in den Leib seiner Mutter eingehen und geboren werden?" (Joh 3,4).

Viele Religionsstifter und Denker haben sich in der Menschheitsgeschichte zum Thema „Überwindung der Todesgrenze" geäußert. Keiner durchbricht die Schallmauer; alle bewegen sich im innerweltlichen Bereich. Auch Jesu Totenerweckungen sind kein „österlicher Durchbruch": Der Jüngling von Nain stirbt wieder und Lazarus sieht wiederum das Grab. Diese Wunder Jesu weisen aber auf die Macht Gottes, die sich erst todüberwindend äußert in der Auferweckung des Sohnes. Der Übergang vom Tod zum Leben ereignet sich erst im Ostern Jesu. Seine Auferweckung durch den Vater ist die erste eigentliche Wieder-Geburt: Einbruch Gottes in die Todeszone, Ausbruch Gottes aus der tödlichen Einkreisung, Geburt aus der Umklammerung des Todes.

Im Lauf seiner Lebensgeschichte macht der Mensch viele Entwicklungen durch: Kindheit, Jugend, Erwachsensein und Alter. Menschliches Leben ist ein steter Übergang von einer Phase zur anderen. Ein Lebensabschnitt gebiert den anderen. Verwandlung nach dem Prinzip des „Stirb und Werde". Von dieser Art ist die Wiedergeburt beim Taufgeschehen nicht.

Die Andersartigkeit des Wieder-geboren-Werdens, das Neue des Lebens im Leben des Getauften, tritt im „Schauspiel" des Unter- und Auftauchens des Täuflings im Wasser in Erscheinung. (Dieser Ritus wird noch heute in der Orthodoxen Kirche gepflegt.) Das neugeborene Kind kommt mit dem lebenspendenden Gott durch Jesus in Berührung. Es wird „ertränkt" in Wasser und Geist, um den die Gottesdienstgemeinde bei der Taufwasserweihe bittet. Beim Untertauchen werden Schuldbereitschaft und Todesgeschick, das wir von unseren Vorfahren übernommen haben (Erbschuld), „weggespült". Wie bei der Sintflut geht das Seitherige, Aussichtslose, unter: „In den Wassern der Sintflut hast du unsere Taufe vorgebildet, da sie den alten Menschen vernichtet, um neues Leben zu werden" (1. Formular zur Taufwasserweihe).

Für den Apostel Paulus bedeutet das Untertauchen auch, daß der Täufling Christus übereignet wird. Wir werden in den Tod Jesu hineingegeben und werden mit ihm begraben (vgl. Röm 6,4). Durch die Hineingabe in seinen Tod sind wir auch hineingenommen in seinen Weg durch den Tod zum Leben. Dieser Hinübergang, unsere Wiedergeburt, kommt im Auftauchen des Täuflings aus dem Wasser zum Ausdruck. Auf-erstanden aus dem Wasser der Taufe haben wir jetzt Anteil an dem Leben, das dem auferstandenen und erhöhten Herrn eigen ist. Nun sollen die Getauften „in der Neuheit des Lebens wandeln" (Röm 6,4).

Das Taufwasser umgibt den Täufling von allen Seiten, es ist ein Bad – Zeichen, wie eng unsere Lebensgeschichte mit der Geschichte Jesu verbunden ist. Der zeitliche Abstand beider Lebensläufe ist belanglos: Beide Ereignisse sind im Entscheidenden ein Ereignis. Der Gekreuzigte und Erhöhte ist der Herr über Raum und Zeit. Die Gleichzeitigkeit und bleibende Verbundenheit des Täuflings mit Christus drückt das erste Gebet zur Taufwasserweihe so aus: „Es steige hinab in dieses Wasser die Kraft des Heiligen Geistes, daß alle, die mit Christus in seinen Tod hineinbegraben sind durch die Taufe, mit ihm auferstehen zum ewigen Leben".

Die Gemeinde besingt das Mysterium des Wassers der Wiedergeburt so:
„Ein Quell der Gnade sich ergießt
aus deiner Seitenwund, Herr Christ,
und alle, die dies Bad erneut,
sind heil und singen hocherfreut:
Halleluja, Halleluja!"
(Gotteslob, Freiburg-Rottenburg, 822).

Wasser und Wort

Unsere Welt setzt sich aus vielen Elementen zusammen: Licht, Luft, Wasser, Erde. Wir können sie mit unseren Sinnen wahrnehmen und stellen sie in den Dienst unseres Lebens.

Will Gott uns begegnen, bedient er sich äußerer Mittel. Er bindet sein Handeln an Zeichen, die uns umgeben und deren wir uns bedienen. Zeichen meinen etwas. Sie wollen etwas ausdrücken. Ihr Äußeres verweist auf Inneres. Ihre Gestalt macht auf den Geist aufmerksam. Das Mysterium kann durch das Element erfahren werden. Gott entbirgt sich. Er wendet sich im Zeichen (Sakrament) dem Menschen zu.

Im Sakrament der Taufe handelt Gott durch die Symbole des Wassers und des Wortes am Menschen. Das Wasser weist auf Gottes sündenvergebende Macht und auf das neue Leben in Christus, das stärker ist als der Tod. Das Wort wiederum erinnert an die Kraft des Wortes Gottes, das vollbringt, was Gott will (vgl. Jes 55,11). Die Taufe ist also ein Wasserbad, in welchem der unvergängliche Same des Wortes Gottes (vgl. Eph 5,26) sich lebensspendend auswirkt.

Inbegriff und Summe des Wortes Gottes ist der Name Gottes. Die Taufe wird deshalb auf den Namen des dreifaltigen Gottes, des Vaters, des Sohnes und des Heiligen Geistes gespendet. Aus Gottes schöpferischem Liebeswillen hervorgegangen, wird der Mensch durch die Taufe ein Kind Gottes. Sein Name ist eingeschrieben im Buch des Lebens. Durch das Wasserbad (unter- und auftauchen) hat er Anteil an Tod und Auferstehung Jesu Christi. Von nun an steht er in der Nachfolge seines Herrn. Er ist Jünger Jesu. Geheiligt durch den Geist, gehört er zur Gemeinschaft der Erlösten, zur Kirche. Der Getaufte lebt aus dem Geist in Glaube, Hoffnung und Liebe.

Das Taufgeschehen bliebe verhüllt, wäre magisches Zeichen, käme das deutende Wort nicht zu Hilfe. Durch das Glaubenswort der Kirche wird das Tun des dreifaltigen Gottes am Getauften „sichtbar". Dieses Heilshandeln Gottes am Glaubenden nennen wir „Sakrament". Kommt zum Element (z. B. des Wassers) das Wort, ist es ein Sakrament (Augustinus).

Wort und Wasser sind ihrer Natur nach Grundelemente des Lebens, ohne die der Mensch nicht existieren kann. Sie verweisen auf die Eigenart des Taufsakramentes: Es kann nicht zurückgenommen werden – auch dann nicht, wenn der Christ die darin ergangene göttliche Liebeserklärung vergessen möchte. Die Dichterin Elisabeth Langgässer († 1950) hat die Taufe deshalb „Das unauslöschliche Siegel" genannt.

Die Taufe ist ein einmaliges Ereignis im Leben des Menschen. Sie bestimmt und umgreift das ganze weitere Leben. Die Zeit des Menschen nach seiner Taufe ist eine andere als zuvor: „Das Alte ist vergangen, Neues ist geworden" (2 Kor 5,17).

„Ich bin getauft und Gott geweiht
durch Christi Kraft und Zeichen;
das Siegel der Dreieinigkeit
wird niemals von mir weichen.
Gott hat mir seinen Geist geschenkt,
ich bin in Christus eingesenkt
und in sein Reich erhoben,
um ewig ihn zu loben"
(Gotteslob 635, 1).

Heribert Feifel

Die Sehnsucht Israels: Gebt uns Wasser und Frieden und wir werden aus der Wüste einen „blühenden Garten machen". Die Sehnsucht der Erlösten: „Herr, mach uns frei von Krankheit und Siechtum, von Not, Schuld und Tod". Der Schrei nach Leben, das bleibt, verbindet den Alten und den Neuen Bund.

Noch ist das Leben gespalten: Dem Baum des Lebens steht der Baum der Schuld, um den sich die Schlange windet, gegenüber. Beide Bäume werden von der üppigen Quelle bewässert: Nur von Gott her versteht sich das Gute, kann sich das Böse (anstößiges Geheimnis) halten. Der Mensch muß sich entscheiden, ob er ein Kind des Lichtes oder der Finsternis, des Lebens oder des Todes sein will. Müßten darum nicht Adam und Eva zwischen den beiden Bäumen stehen?
Anstelle des ersten Menschenpaares steht Jesus Christus. Er wurde – obwohl Sohn Gottes – auch versucht (vgl. Hebr 4,15). Jesus stellt sich der Versuchung. Darum ist er ganz der Schlange und dem Baum der Erkenntnis des Bösen zugewandt. Er läßt das Leben beim Vater, gibt seine Gottgleichheit auf (Phil 2,6f), damit sich in ihm jener „seltsame Zweikampf" zwischen Tod und Leben abspiele (Ostersequenz).

Das Bild deutet Psalm 23, den die Väter des Ostens und Westens gerne in ihre Tauf- und Eucharistiekatechese einbezogen, also auf Jesus Christus hin gedeutet haben. Darf man in Christus, der die Mitte dieses Paradieses- und Versuchungsbildes ist, den guten Hirten sehen? In den Taufkirchen hat man Jesus so dargestellt. Die Katechumenen wurden angehalten, diesen Psalm wie das Glaubensbekenntnis und das Vaterunser auswendig zu lernen.
„Er läßt mich lagern auf grünen Auen, zum Ruheplatz am Wasser führt er mich" (Ps 23,2). Der Bischof Cyrill von Alexandrien deutet diesen Vers auf die Taufe: „Die grüne Au ist das verlorene Paradies, in das uns Christus zurückführt und uns durch das Wasser der Ruhe das heißt durch die Taufe, dort beheimatet".

Christus ist mit der „crux hastada", dem Kreuz als Speer oder Lanze, dargestellt. Aus der Seitenwunde Jesu flossen Blut und Wasser, gingen die Sakramente der Kirche hervor. Das Kreuz ist „der Stab der Pilger" (Kirchenlied). Darum kann der Fromme beten: Der Herr „leitet mich auf rechten Pfaden, treu seinem Namen. Muß ich auch wandern in finsterer Schlucht, ich fürchte kein Unheil" (Ps 23,3f).

Sup aquam refectionis educauit me
animam meam conuertit
Deduxit me sup semitas iustitiae
propter nomen suum
Nam &si ambulauero in medio umbre
mortis
non timebo mala quoniam tu mecum es

Das Sakrament des Glaubens

Wer glaubt, kann getauft werden

Ob die Kirche im Sinne Jesu handle, wenn sie dem Wunsch der Eltern nach der Taufe ihres Kindes nicht immer entspreche? Der junge Mann hatte eigens um ein Gespräch gebeten. Er konnte nicht verstehen, daß ein Pfarrer beim Taufgespräch (Vorbemerkungen, Nr. 31 ff) den Glauben der Eltern und ihre Glaubenspraxis hinterfragte und ihnen den Rat gab, ihr Verlangen nochmals zu überdenken. Schließlich sah er ein, daß es besser sei, die Taufe aufzuschieben (Vorbemerkungen, Nr. 36 ff), wenn sich niemand ernstlich für den Glauben des Kindes und dessen Wachstum verbürgt. Die Kirche hat sich an Jesu Auftrag zu halten: „... macht alle Menschen zu meinen Jüngern; tauft sie ... und lehrt sie, alles zu befolgen, was ich euch geboten habe" (Mt 28,19 – 20).

„Was begehrst du von der Kirche Gottes?", wurde seit Jahrhunderten gleich an der Kirchentüre jeder Taufbewerber gefragt, bei der Taufe von kleinen Kindern der Pate. „Den Glauben", war die Antwort. „Was bewirkt der Glaube?" – „Das ewige Leben." Eltern, Paten und Gemeinde wurden mit diesem Stichwort auf ihre Verantwortung hingewiesen. Der Dialog erinnert daran, daß einst vor der Taufe ein dreijähriges Katechumenat stand, während dessen der Taufschüler die Glaubenslehren kennenlernen und sich aneignen sollte. Seit der Einführung der „Feier der Kindertaufe" im Jahre 1971 werden die Eltern und mit ihnen die Paten zu Beginn der Taufliturgie auf ihre Verantwortung für die Aufgabe der Erziehung im Glauben hingewiesen und nach ihrer Bereitschaft gefragt. Konvertiten mußten schon bisher eine mehrmonatige Lern- und Probezeit auf sich nehmen. Die Würzburger Synode verweist zur Eingliederung des Erwachsenen in die Kirche auf das Wort Christi: „Wer glaubt und sich taufen läßt, wird gerettet" (Mk 16,16). Die Taufe, in besonderer Weise Sakrament des Glaubens, ist unverdientes Gnadengeschenk Gottes. Allerdings muß der Mensch bereit sein, es innerlich zu bejahen und anzunehmen. Dazu braucht er die Erfahrung gelebten Glaubens bei jenen, die ihn begleiten. Das Katechumenat als Vorbereitung auf die Erwachsenentaufe soll deshalb neu eingerichtet werden. Im Gespräch und lebendigen Kontakt mit den Christen soll der Suchende erfahren, was es bedeutet, als Christ zu leben. So kann ihm vor Augen geführt werden, was Christus für ihn selbst bedeutet.[1] Die Glaubensüberzeugung hat bei dieser Weisung den ihr zustehenden Rang.

Hohen Stellenwert hatte der Glaube in Lehre und Praxis der Kirche schon immer. So erklärt Paulus zu Beginn des Römerbriefs (1,1.5): „Paulus, Knecht Christi Jesu, berufen zum Apostel, auserwählt, das Evangelium Gottes zu verkündigen ... das Evangelium von Jesus Christus, unserem Herrn. Durch ihn haben wir Gnade und Apostelamt empfangen, um in seinem Namen alle Heiden zum Gehorsam des Glaubens zu führen". Im Epheserbrief dankt er für den Glauben der Gemeinde an Jesus, den Herrn (Eph 1,15; vgl. 1 Joh 3,23). Beim Bekenntnis des Glaubens durch das Blutzeugnis erlangt der Märtyrer in der Bluttaufe die Taufgnade.[2] Wenn ein Taufbewerber am Empfang des Sakramentes gehindert ist, genügt sein Glaube zur Begierdetaufe, die ohne sakramentales Zeichen der Taufe das Heil schenkt. Wer getauft wird auf den Namen Christi, wird Christus übereignet. Das setzt den Entschluß voraus, seine Existenz auf Christus zu gründen, also Buße und Glauben. Der Glaube als Antwort auf die Predigt muß artikuliert werden im Bekenntnis.[3] Die Reihenfolge Predigt – Glaube – Bekenntnis – Taufe spiegelt sich in der liturgischen Praxis der Kirche schon von Anfang an wider.[4] Die Absage an das Böse, das dreigliedrige Glaubensbekenntnis bei Taufe sowie bei der Tauferneuerung in der Osternacht, das Gespräch des Seelsorgers mit den Eltern vor der Taufe und der Wortgottesdienst bei der Tauffeier wollen „den Glauben, ohne den es keine Taufe gibt" (Feier der Kindertaufe, Nr. 9), wecken, vertiefen und zum Bekenntnis ermutigen.

Glaube und Taufe hängen eng zusammen

„Wir lassen unser Kind jetzt noch nicht taufen. Es soll einmal selbst darüber entscheiden." Jeder Zehnte äußerte bei einer Umfrage 1977 diese Ansicht. Ein Viertel der Befragten sprach sich gegen eine religiöse Erziehung aus.[5] Sind dies Menschen, die sich selbst im Glauben schwertun, denen der Glaube an Christus und das Leben in der Kirche kaum etwas oder nichts mehr bedeuten?

Gerade die Kindertaufe läßt übersehen, daß Taufe und Glaube zusammengehören.[6] Hirten, Gemeinden und Lehrpraxis der Kirche haben diesen Zusammenhang hin und wieder abgeschwächt oder verdunkelt. Missionarischer Übereifer gibt dem sakramentalen Vollzug allzu leicht ein Übergewicht: „Hauptsache, das Kind ist getauft, damit es in den Himmel kommt". Leider werden die Elemente der Glaubensweckung und Glaubensvertiefung oft schäbig behandelt bis in unsere Tage. Für manche Familie ist die Homilie beim Wortgottesdienst der

Tauffeier fast eine Zumutung. Ihre Erwartungen liegen auf anderer Ebene. Die feierliche Verbrämung der Lebenssituation nach der Geburt wird gerne in Anspruch genommen, der Hunger nach der Sinndeutung aus dem Glauben ist gering.

Es gibt Überlegungen ernstzunehmender Eltern, die Taufe zu verschieben, bis das Kind das nötige Glaubenswissen und die entsprechende Lebensreife erreicht hat. Oder Eltern wollen ihr Kind seine Taufe erleben lassen. Es soll hineinwachsen in die Kirche als eine Gemeinschaft des Glaubens und der Liebe – ein Katechumenat in Familie und Gemeinde. Wären dann nicht viele Schwierigkeiten ausgeräumt, die Heranwachsende mit ihrem übergestülpten Glauben herumtragen? So denken durchaus Eltern, die aus dem Glauben zu leben versuchen und sich in der Kirche heimisch fühlen. Religionslehrer riskieren deswegen den Verlust der kirchlichen Beauftragung. Wer um der Taufe willen solche Auseinandersetzung wagt, gerät nicht in die Nähe verbürgerlichter Randchristen. Setzt doch unsere christliche Taufe mehr voraus als jene Akte an Schiffen oder Flugzeugen, wobei unsere Bezeichnung mißverständlich und mißbräuchlich verwendet wird. Dürfen wir die biblische Reihenfolge „die nun, die sein Wort annahmen, ließen sich taufen" (Apg 2,41) oder „macht alle zu Jüngern und tauft sie" (Mt 28,19) bei Kindern außer acht lassen?

Die zögernde Haltung gegenüber der Kindertaufe mag ihren Grund in der Sorge um den Glauben haben. Ist der Glaube aber intellektualistisch verengt zu sehen? Jesus sah auf die Fassungskraft der Menschen und dann „verkündete er ihnen das Wort, so wie sie es aufnehmen konnten" (Mk 4,33). Geht es um Wissen oder sollen wir Menschen nicht einfach antworten auf die Liebe Gottes, die uns als Söhne und Töchter annimmt (vgl. Gal 3,26f; Röm 8,29) und Ja zu uns sagt in seinem Sohn? Er, Jesus Christus, ist der im Sakrament letztlich Handelnde, der Mensch der Beschenkte. Wird der Glaube getauft oder das Kind? Bedeutet Glauben nicht auch Geborgenheit für ein Kind: „Behüte mich, Gott, ich vertraue dir" (Ps 16,1)? Steht am Anfang des Glaubensweges oft nichts anderes als der Ruf: „Kommt her, folgt mir nach" (Mk 1,17)? Müssen wir nicht lernen, etwas an uns tun zu lassen, zumal von Gott?

Die Taufe vermittelt den Glauben

„Geheimnis des Glaubens", können wir mit gleicher Eindringlichkeit wie bei der Eucharistiefeier bei der Taufe ausrufen, wird doch in ihrem Vollzug der Glaube verkündet, der Taufbewerber in den Tod und die Auferstehung Christi hineingenommen. Tod und Leben des Herrn prägen den Täufling. Das Bekenntnis „Ich glaube" wird ihm oder den Eltern zuvor abverlangt. Eine Bereitschaft also, sich dem Geheimnis Gottes zu öffnen.

Es kommt zur Begegnung mit Christus in diesem sakramentalen Zeichen, das die Kirche spendet. Sie selbst wird das allumfassende Sakrament des Heiles genannt.[7] Dabei wird ein Geschenk Gottes angezeigt; es wird Wirklichkeit. In Jesus ist das Heil zu uns gekommen. Wir dürfen es annehmen. Da wir Menschen Empfangende sind, kann Glaube nicht in unserer Leistung bestehen.[8] „Der unsichtbare Gott wendet sich im sichtbaren Zeichen des Sakramentes dem Menschen zu, um sich ihm zu schenken und bietet ihm so das Heil an. Der glaubende Mensch nimmt dieses Geschenk in Freiheit und Dankbarkeit entgegen. Beides muß zusammenkommen: das machtvolle Wirken Gottes und die Bereitschaft des Menschen." So erläutert die Würzburger Synode.[9] Ihre Ausführungen über die Sakramente betreffen die Kernfrage beim Sakrament des Glaubens: „Die Sakramente sind Handlungen, in denen Gott dem Menschen begegnet; ... der glaubend sich hingebende Mensch begegnet dem sich gnadenhaft hingebenden Gott und wird dadurch heil. So sind die Sakramente Zeichen des Glaubens in zweifacher Hinsicht: Der gläubige Mensch bezeugt in ihrem Empfang seinen Glauben an die wirksame Hilfe Gottes; durch dieses Wirken Gottes wird ihm gleichzeitig Glaube geschenkt und bestärkt"[10].

Schon bei den Kirchenvätern finden wir die Bezeichnung „Sakrament des Glaubens"[11]. Augustinus sagt vergleichend, das Sakrament des Leibes Christi sei in gewisser Weise der Leib Christi. So ist für ihn auch das Sakrament des Glaubens der Glaube. Er folgert: Glaube heißt nichts anderes als den Glauben besitzen.[12] Überlegenswert ist seine Aussage: „Wenn man also antwortet, daß das Kind glaube, das noch kein Verlangen nach dem Glauben hat, so will man damit sagen, es besitze den Glauben in Hinsicht auf das Sakrament des Glaubens..."[13]

Der Glaube soll wachsen

Bei der Feier der Taufe betet der Taufspender zum Abschluß der Eröffnung:

„Allmächtiger, ewiger Gott,
du schenkst den Glauben,
ohne den es keine Taufe gibt.
Laß uns jetzt auf dein Wort hören,
damit dieser Glaube in uns wachse
durch Christus, unsern Herrn".

Die Verkündigung des Wortes Gottes in Schriftlesung und Homilie ist damit eingeleitet. „Der Wortgottesdienst hat den Sinn, vor der eigentlichen Tauffeier den Glauben der Eltern und Paten sowie der übrigen Teilnehmer zu stärken und die Frucht des Sakramentes im gemeinsamen Gebet zu erflehen" (Vorbemerkungen, Nr. 11).

Die mitfeiernde Gemeinde soll durch die Verkündigung in Wort und Zeichen im Glauben

weiterkommen; zumal die Paten werden angesprochen: „Auf Ihre Weise sollen Sie mithelfen, daß aus diesem Kind ein guter Christ wird" (Feier der Kindertaufe, Nr. 8). Besondere und letzte Verantwortung haben die Eltern. Ihr Glaube wird das Kind formen. Eines der Segensgebete der Tauffeier erinnert daran:
„Allmächtiger Gott und Herr,
Schöpfer des Lebens,
segne den Vater dieses neugetauften Kindes.
Laß ihn zusammen mit der Mutter
Zeuge des Glaubens für sein Kind sein
in Christus Jesus, unserem Herrn".
Glauben heißt, auf dem Weg sein zu Gott (vgl. Hebr 11,8ff); Glaube ist nichts Fertiges. Es gibt eine fortschreitende Erkenntnis.[14] Jesus sagt im Gleichnis vom Sämann (Mk 4,1–9) und seiner Deutung (4,13–20), daß der Same des Wortes im Menschen Wurzeln schlagen, wachsen und Frucht bringen soll. Der Same des Wortes braucht dazu die rechten Bedingungen. Das Wort kann geraubt werden oder ersticken. Jesus erinnert an die Menschen, die das Wort zunächst freudig aufnehmen, aber in der Herausforderung zu Fall kommen, weil sie keine Wurzeln haben. Der Lohn für die, die es hören und aufnehmen, ist vielfältige Frucht.

Zunächst sorgen die Eltern, daß der Glaube des Kindes wachsen kann. Zunehmend prägen die Mitchristen, die mit ihm den Weg Jesu gehen, durch ihr Glaubensleben den Glauben des Heranwachsenden mit. Die Verbindung der Getauften untereinander und mit Gott nimmt der Synodenbeschluß „Sakramentenpastoral" in den Blick: „Die Kirche in der Gestalt der christlichen Gemeinde und der gläubigen Familie ermöglicht, fördert und trägt die Glaubensentscheidung des einzelnen, die dieser nur in der Gemeinschaft der Glaubenden durchhalten kann. Der Neugetaufte seinerseits wird einbezogen in die Verantwortung für das ganze Volk Gottes, das sich in jedem seiner Glieder verjüngt und erneuert. So ist die Taufe Zeichen des Glaubens. Gott bietet dem Menschen seinen Bund an, und der Mensch antwortet mit der Bereitschaft zu einem Leben aus dem Glauben, den wiederum Gott ihm ermöglicht und schenkt".[15]

Hubert Götz

Anmerkungen

[1] Vgl. Gemeinsame Synode der Bistümer in der Bundesrepublik Deutschland. Beschlüsse der Vollversammlung. Offizielle Gesamtausgabe I (folgend: Synode). Freiburg ²1976, 248f.
[2] Cyprian, Brief an Bischof Jubaianus, in: Texte der Kirchenväter IV. München 1964, 270f.
[3] Vgl. Johannes Betz, Taufe, in: Handbuch theologischer Grundbegriffe IV (TB-Ausgabe). München 1970, 178f.
[4] Vgl. oben 9–15.
[5] Nach der Auswertung einer Studie des EMNID-Instituts in KNA-Informationsdienst (951) vom 15. Mai 1980.
[6] Grundriß des Glaubens. Katholischer Katechismus zum Unterrichtswerk Zielfelder ru. München 1980, 160.
[7] Vgl. Zweites Vatikanisches Konzil, Konstitution über die Kirche, Art. 48.
[8] Vgl. Walter Kasper, Jesus der Christus. Mainz 1974, 252ff.
[9] Synode 241.
[10] a.a.O.
[11] So bei Augustinus und Fulgentius von Ruspe, in: Texte der Kirchenväter IV. München 1964, 267 und 271f.
[12] Vgl. Augustinus, Brief an Bonifatius a.a.O. 267.
[13] a.a.O.
[14] Max Seckler, Glaube, in: Handbuch theologischer Grundbegriffe II (TB-Ausgabe). München 1970, 163.
[15] Synode 244.

Wie ein Vermittler bewegt er sich zwischen der erwartungsvoll stehenden Gruppe und dem herrschaftlich Sitzenden. Kostbares trägt er in seiner Linken; er verhüllt sie ehrfürchtig. Die Tafeln des Mose („tabulas moysi") erinnern an Bund und Gesetz Jahwes. Mose war einst im Glauben mit dem Volk Israel den Weg durch die Wüste gegangen. Er durfte sich Gott nahen und dem wartenden Volk Gottes Gesetz und Bund verkünden (Ex 19f). Oft muß Gott die Bundestreue einfordern wie im Psalmvers (50,7) über dem Bild: „Höre, mein Volk, ich rede, Israel, ich klage dich an, ich, der ich dein Gott bin".

Christus, der Erneuerer des Bundes und des Gesetzes, das lebendige Wort Gottes, ist in das alttestamentliche Geschehen hineinverwoben. Er will nicht aufheben, sondern durch seine Liebe erfüllen (Mt 5,17). Wer das Gesetz des Mose schon kennt und befolgt, erfährt von Jesus, was ihm noch fehlt (vgl. Mt 19,20f).

Mose also in der Bildmitte oder in ihm ein Jünger Jesu, der vom Meister das neue Gesetz empfängt? Sind in dieses Bild zu Psalm 50 nicht alle eingeschlossen, denen als Jünger Jesu heute aufgetragen ist, die Botschaft weiterzusagen und vorzuleben? Sie füllen den spannungsreichen Posten aus. Sie treten heran zum Berg, zum Mittler eines neuen Bundes (Hebr 12,22ff). Dabei wäre es reizvoll, persönlich erfüllend, Herz und Verstand bereichernd, das eine Notwendige in der Gemeinschaft mit dem Herrn zu tun (vgl. Lk 10,42) und auf ihn zu hören, den das Evangelium bezeugt. Allein das Leben des Vermittlers und Verkünders ist noch mehr gefordert. Das wartende Gottesvolk ruft nach dem Überbringer und Deuter des Gesetzes, meist wie die sieben Männer im Bild eher durch Zeichen und Anzeichen.
Wenige verlangen offen nach dem Wort der Verkündigung. Die Menschen gehen ihrer Wege, wenn sie keinem begegnen, der das neue Leben im Alltag bezeugt. Wir Christen, die Verkünder und Leiter der Kirche sind oft taub für die Rufe und Erwartungen der Welt oder ignorieren sie, setzen andere Prioritäten.
Als Getaufte tragen wir nicht nur Christi Namen; wir sind begabt, sein neues Gebot zu hören und umzusetzen, als Christ die Spannung auszufüllen und durchzutragen. Der Jünger mit den Gesetzestafeln hält sie aus, weil Christi ausgestreckte Hand sich anbietet, diese aufzunehmen, und sein lehrender Finger seine Vollmacht erkennen läßt, das Gesetz neu zu deuten. Die Menschen warten so nicht vergebens.

Congregate illi sčos eius: qui ordinant
testamentum eius super sacrificia ·;·
Et adnuntiabunt caeli iustitiam eius ·;·
qm ds iudex est ·;·
Audi populus ms & loquar: Isrrhel & testi
ficabor tibi ds ds tuus ego sum ·;·

Non in sacrificiis tuis arguam te holocaus
ta autem tua in conspectu meo sunt semp ·;·
Non accipiam de domo tua uitulos

Auserwählt zur Kindschaft Gottes

„Die Wassertaufe und das Wort geben den Menschen Anteil an der göttlichen Natur und machen sie zu Kindern Gottes... Die Anrufung des dreifaltigen Gottes über den Täuflingen bewirkt, daß sie, besiegelt mit seinem Namen, ihm geweiht sind und in Gemeinschaft treten mit dem Vater, dem Sohn und dem Heiligen Geist" (Vorbemerkungen, Nr. 6).

Kindsein

In unseren Gemeinden werden meist Kinder getauft. Der Mensch wird als Kind geboren. Obwohl auf die Eltern und die Umwelt der Erwachsenen verwiesen, ist das Kind ein ganzer Mensch, das im Lauf seiner Lebensgeschichte das einholt, was es seiner Natur nach ist. Seine Veranlagung und Begabung, seine Fähigkeiten und Grenzen sind das Werk der schöpferischen Liebe Gottes. Gott will, daß es jeden von uns gibt: So und nicht anders, hier und jetzt. Darum hat jedes Kind von Gott einen Namen, noch ehe die Eltern sich für einen Rufnamen entscheiden. Der Name ist weder bloßes Wort noch verhallender Schall. Er meint unverwechselbar mich: „Ich habe dich beim Namen gerufen, du gehörst mir" (Jes 43,1). Der Getaufte steht wie seine großen Glaubensvorfahren ein Leben lang unter dem Anruf Gottes. Der Christ ist ein Mensch, der sich immer dem werbenden und fordernden Gott offenhält. Er ist Partner Gottes schon als Kind.

Auch als erwachsene Getaufte bleiben wir in den Augen Gottes Kind. Das hört sich an als ob Gott unser Erwachsensein nicht ernst nähme. Jesus rät uns, vor Gott „klein" zu bleiben, weil Leben unverdientes Geschenk ist (vgl. Mt 18,1–5). Gottes Sympathie kann man nicht erwerben, seine Liebe nicht kaufen, seine sorgende Zuwendung nicht erzwingen. Kinder sind unverbildet. Von ihnen kann man lernen, absichtslos zu leben. Sie lassen sich überraschen vom je Größeren – darum ist ihrer das Himmelreich (vgl. Mt 19,14).

Kinder sehen nicht nur die Schönheiten Gottes in der Welt. Sie sehen auch die Schatten seiner Schöpfung. Sie sind gegenüber jeglichem Unrecht viel sensibler als die Großen. Sie sind traurig wegen des Bösen und können noch weinen, wenn sie selbst oder andere leiden. Trotz

Auschwitzen fragen sich nach Gott und verstummen nicht.

Das dauernde Vermächtnis der Taufe an die Getauften ist das Kindbleiben vor Gott. Weil wir Kinder Gottes sind (vgl. 1 Joh 3,1), brauchen wir die Launen des Tages und das Wechselspiel der Welt nicht zu fürchten. Nicht einmal der Tod soll uns schrecken. Und wenn unser armes Herz wegen unserer Versäumnisse und unserer Schuld verzagt ist, so ist Gott größer als unser anklagendes Innerstes (vgl. 1 Joh 3,19f). Er weiß alles. Darum nennt ihn das Kind „Vater":

„Aus Wasser und dem Heilgen Geist
bin ich nun neu geboren;
Gott, der die ewge Liebe heißt,
hat mich zum Kind erkoren.
Ich darf ihn rufen ‚Vater mein';
er setzte mich zum Erben ein.
Von ihm bin ich geladen
zum Gastmahl seiner Gnaden"
(Gotteslob 635,2).

Getauft auf den Namen Gottes

Zum Abschluß der Tauffeier wird dem Täufling feierlich das Gebet des Herrn übergeben. Als Kind Gottes hat er das Recht, Gott „Vater" zu nennen. Das Gebet Jesu erinnert den Christen, daß er auf den Namen Gottes getauft ist.

Die Kirche des Neuen Testaments spendete die Taufe auf den Namen Jesu Christi (wenn man vom sogenannten Taufbefehl in Mt 28,19 absieht). Die spätere dreigliedrige Bekenntnisform deutet den Christusnamen: Jesus hat Gott als Vater den Menschen vorgestellt und wirkt als der Erhöhte durch den Heiligen Geist. Aber auch umgekehrt: Gott spricht durch seinen Sohn im Heiligen Geist. Die Taufe bezeugt den dreieinigen Gott, in dessen Lebensmysterium der Täufling eingebunden wird. Immer ist es der *eine* Gott, der am Glaubenden in den verschiedenen Lebensstadien bis zu dessen Vollendung wirksam ist. Man darf das Handeln Gottes wegen der drei Namen nicht auseinanderdividieren. Das bestätigt die Segensformel: „Die Gnade Jesus Christi, des Herrn, die Liebe Gottes und die Gemeinschaft des Heiligen Geistes sei mit euch allen!" (2 Kor 13,13).

Die Taufe bringt den Menschen in eine konkrete Beziehung zu Gott. Sie eröffnet dem Täufling Gottes Namen. Niemand kann Gott erkennen, niemand vermag sein Wesen zu erschließen. Tiefes Denken, suchendes Wollen bleibt stecken bei „Gott, dem Abgrund allen Seins" oder dem anonymen „Gott meines Woher und Wohin". Der Gott der Philosophen ist weder der „Gott Abrahams" noch der „Vater Jesu Christi", der bei der Taufe vermittelt wird. Wenn Christus es ist, der (wie die Kirchenväter sagen) tauft, dann gibt er bei der Taufe dem Täufling Kunde vom Vater. Hier ereignet sich Offenbarung: „Ich habe deinen Namen kundgetan und werde ihn kundtun" (Joh 17,26).

Was und wer steckt hinter dem Vaternamen, den Jesus uns gebracht hat und weiterhin kundtut? Es ist der Gott der Patriarchen und Propheten, der sich mit dem Volk des Alten Bundes auf den Weg gemacht und den Israel als „Gott unterwegs" erfahren hat. Es ist jener Gott, der seinem Volk Hirte sein will und es selbst unter Preisgabe seines Lebens nicht verläßt. Darum ist sein Name, den Mose am brennenden Dornbusch vernimmt, Jahwe, der „Ich-bin-da". In Jesus seinem Sohn ist dieser Name eingelöst und „eingefleischt". Konkret als Menschensohn und Bruder der Menschen eingestiftet in diese Welt; unter uns bleibend, bis der Letzte des wandernden Gottesvolkes der Kirche sein Ziel beim Vater erreicht hat – wie er. Darum setzen alle Getauften auf Jesus ihre Hoffnung (vgl. Jes 42,4) und sagen Gott dem Vater Dank im Heiligen Geist. Deshalb feiert die Kirche Sonntag für Sonntag die Eucharistie, der die Neugetauften bei ihrer Erstkommunion zugeführt werden. Es hat deshalb seinen guten Sinn, wenn die Taufgemeinde am Ende der Taufe sich um den Altar der Kirche versammelt:

„Christus der Herr hat mich erwählt,
ihm soll ich fortan leben.
Ihm will ich dienen in der Welt
und Zeugnis für ihn geben.
So leb ich nicht mehr mir allein,
sein Freund und Jünger darf ich sein.
Ich trage seinen Namen;
sein bleib ich ewig. Amen"
(Gotteslob 635,3).

Bürgerrecht im Himmel

In der Taufe wird mein kleines Leben in Gottes Heilsplan, in den mächtigen Strom der Heilsgeschichte hineingenommen. So geht es seiner endzeitlichen Erfüllung bei der Wiederkunft Jesu Christi entgegen. Der Getaufte hat seine Heimat im Himmel (vgl. Phil 3,20). Er wird daher ermahnt, nach dem zu trachten, was droben ist, und nicht nach dem, was auf Erden ist (vgl. Kol 3,1ff). Diese apostolische Weisung ist in der Kirche oft dahingehend ausgelegt worden, daß der Christ sich nicht mit irdischen Dingen abgeben soll. Die Kirche soll sich soweit wie möglich von der Welt distanzieren. Im Gegensatz dazu verkündigt die Taufe, daß Christi Wort und Werk etwas mit der Welt zu tun haben. Die Königsherrschaft Gottes steht in enger Beziehung zur Welt, sie ist ganz auf diese Weltzeit ausgerichtet. Darum sandte Jesus seine Jünger aus. Ein Auftrag, dem die Kirche auch heute entsprechen muß.

Der Getaufte steht mitten in der Welt – mehr denn je als einzelner, nicht aber als Vereinsamter. Er hat überall dort seinen Platz, wo Raum zum Dienen ist. Er ist wie sein Herr, ein Diener. Durch die Taufe ist der Christ aus der Welt herausgenommen worden, um als ihr Diener wieder zurückzukehren. Diese Existenzweise verbindet ihn mit Jesus, der Sohn des Vaters ist und doch Menschensohn. Ausgespannt zwischen Himmel und Erde, im Widerstreit von Leben und Tod, Freiheit und Zwang geht der Christ seinen Weg – den Kreuzweg seines Herrn und Meisters. Es ist ein Weg des Gehorsams gegenüber dem Vater, eine Gratwanderung vertrauenden Glaubens. Abraham, der Vater der Glaubenden, ging diesen Weg und wurde nicht enttäuscht. Das Volk Israel wagte den Wüstenzug unter der Wolke und erreichte das Gelobte Land. Warum soll der Weg der Christen durch die Abgründe der Geschichte vor den Toren des Himmels enden – nach einer so großen „Wolke von Zeugen" (Hebr 12,1)?

Zum Dienst in der Welt gehört es, daß der Christ in der Welt Gott lobt. Die Taufe darf nicht der erste und letzte Gottesdienst seines Lebens bleiben. Inmitten einer Leistungsgesellschaft läßt er sich in der sonntäglichen Eucharistiefeier an die Vorläufigkeit dieser Weltzeit erinnern. Der Christ bezeugt trotz der Erfahrung „unbehausten Daseins" (Hans Egon Holthusen), daß sein Leben und die Weltgeschichte sich zwischen den Händen des Vater-Gottes bewegt. Der Christ läßt nicht davon ab, die Vatersorge Gottes all jenen weiterzuvermitteln, die am Verzweifeln und Verhungern sind.

Der Christ übt Nachsicht und verzeiht, wo andere sich längst für das Gesetz der Ellbogen entschieden haben. Der Christ hofft auch dann noch für sich und die anderen, wo die Trennungslinie zwischen Tod und Leben gezogen ist. Der Christ verweigert sich nie, wenn es darum geht, einen Platz in der Welt einzunehmen, den niemand mehr besetzen will.

Die Taufe ist ein Schutz vor aller ängstlichen Isolierung und kirchlicher Introvertiertheit. Je mehr die Getauften lernen, ihr Leben im Licht ihrer Taufe zu sehen, um so mehr nimmt ihr Leben den Charakter des Lebens in Christus an. Damit Auftrag und Werk der Getauften gelinge, bedürfen sie der Fürbitte der Gemeinde:

„Segne dieses Kind und hilf uns, ihm zu helfen,
daß es gehen lernt mit seinen eignen Füßen
auf den Straßen der Erde, auf den mühsamen Treppen,
auf den Wegen des Friedens in das Land der Verheißung.
Segne dieses Kind und hilf uns, ihm zu helfen,
daß es lieben lernt mit seinem ganzen Herzen" (Gotteslob 636,5–6).

Heribert Feifel

Auf einem kleinen Hügel in der Nähe eines Baumes (Zeichen des Lebens) sitzt der Fromme, der Prophet. Er beobachtet und staunt mit großen Augen. Mit seiner rechten Hand weist er auf ein großes Geschehen, über das er der Nachwelt erzählen soll: Der Mensch wird erschaffen. – Ist es Christus, ist es Gott Vater, der den Menschen ins Dasein ruft?

Christus umfängt Adam und hält seine linke Hand auf dessen Rippen, dem Ort des Lebens. Der Mensch streckt ebenso seine Linke aus nach dem Herzen seines Schöpfers.

„Laßt uns Menschen machen als unser Abbild" (Gen 1,26) wird der Prophet im Schöpfungslied schreiben. Und der Fromme betet in Psalm 39, dem dieses Bild zugeordnet ist: „Du, Herr, bist es, der mich geschaffen hat" (Altlateinische Übersetzung). Darum hat der Buchmaler die schöpferisch-segnende Hand Gottes in die Ecke des Bildes gesetzt. Der Mensch, Geschöpf Gottes, wird von Christus in Empfang genommen. Alles hat der Vater dem Sohn übergeben (vgl. Joh 3,36). Darum kann der Mensch nicht verlorengehen, nicht einmal in der Sünde. Die Evangelien erzählen von vielen Menschen, die zu Jesus kamen oder zu ihm gebracht wurden, damit er sie heile. Der Psalm zu diesem Bild weiß um die Hinfälligkeit des Menschen: „Du zerstörst seine Anmut wie Motten das Kleid" (Ps 39,12b).

Aus dem Geheimnis Gottes geht ein gewobener Teppich hervor. Der fransige Anfang berührt die Hand Jesu, die auf der Schulter Adams liegt. Welche Muster wird unser Lebensteppich haben? Wann wird er ausgewoben sein und vom Webstuhl abgeschnitten werden (vgl. Jes 38,12)? Die Spinne im Bild ist nicht Ausdruck einer launigen Stunde des Buchmalers, sie hat symbolische Bedeutung: Der Lebensfaden wird gesponnen, der Teppich des Lebens wird gewoben.

Nun ist der Mensch da. Das Leben kann beginnen. Eigentlich kann dem nichts widerfahren, dessen Leben sich zwischen den Händen des Vaters und des Sohnes abspielt. Vom Vater gewollt, vom Sohn angenommen, mit beider Geist bedacht – was kann da noch schief gehen? Ist der grüne Verheißungsgrund des Bildes bloßer Zufall?

Ab omnibus iniquitatibus meis erue me :
obprobrium insipienti dedisti me :
Obmotui & non aperui os meum qmtu
fecisti : amoue a me plagas tuas

A fortitudine manus tuę ego defeci in in
crepationibus
propter iniquitatem corripuisti hominem;
Et tabescere fecisti sicut haraneā animā ei :
uerumtamen uane conturbatur:
omnis homo   diapsalma

Berufen zur Gemeinschaft mit Jesus Christus

Gemeinschaft unter Menschen

Der Mensch ist auf Gemeinschaft hin angelegt. Gemeinschaft unter Menschen gibt es in den verschiedensten Bereichen und in verschiedenen Abstufungen. Gemeinschaft erwächst aus dem gemeinsamen Erleben der Höhen und Tiefen des Alltags, dem Miteinander und Füreinander in Ehe und Familie, aus der Beschäftigung mit der gleichen Sache am Arbeitsplatz, aus der Auseinandersetzung mit auftretenden Problemen, aus dem gemeinsamen Erleben von Land und Meer, Kunst und Musik, aus der gemeinsamen Erfahrung von Freude und Leid. Je intensiver das Erleben und die Erfahrungen sind, desto lebendiger wird die Gemeinschaft. Aus Bekannten werden Freunde, aus Menschen, die sich zufällig begegneten, werden Weggefährten, aus Menschen, die sich gegenseitig erschlossen und vertraut gemacht haben, Ehepartner.

Die Gemeinschaft, die Menschen untereinander verbindet, ist vergleichbar mit der Gemeinschaft der Menschen mit Jesus Christus, und doch ist sie anders.

Gemeinschaft mit Jesus Christus

Die Texte des Neuen Testaments legen nahe, daß die Urgemeinde bald nach der Auferstehung des Herrn zu taufen begonnen hat. Die Auferweckung Jesu und die Erfahrung des Geistes ließen sie Jesu Leben und Sterben in einem neuen Licht sehen.[1] Sie erkannten: ein neuer, endgültiger Anfang Gottes mit den Menschen ist gemacht. Glaube und Taufe bewirken im einzelnen Menschen diesen neuen Anfang der Geschichte Gottes mit dem Menschen. Glaube und Taufe bewirken Gemeinschaft mit Jesus Christus.

Im Leben Jesu, in seiner Verkündigung und in seinem Tun, in seinem Sterben und in seiner Auferweckung, hat Gott zu unserem Heil gewirkt. Dieses Wirken Gottes wird gegenwärtig in der Verkündigung und in den Sakramenten. Wo Menschen auf die Verkündigung im Glauben antworten, glaubend ein Sakrament empfangen, treten sie in Gemeinschaft mit Jesus Christus. Doch wie jede Verbindung ein Lebensvorgang ist, so auch die Verbindung mit Jesus Christus. Die Gemeinschaft nimmt ihren

Anfang in der Taufe, sie muß in jeder Lebenssituation im Glauben erneuert, in der Eucharistie gestärkt, in den anderen Sakramenten vertieft und im Alltag nach den Weisungen Jesu gelebt werden.

Zweig am Weinstock

Die Bildrede vom Weinstock (Joh 15,1–8) zeigt diese Gemeinschaft mit Jesus Christus sehr anschaulich. Dort sagt Jesus von sich: „Ich bin der wahre Weinstock", und von den Jüngern: „Ihr seid die Rebzweige". Jesus allein kann den Anspruch erheben *der* Weinstock, der *wahre* Weinstock zu sein. Neben ihm hat niemand das Recht, dies von sich zu sagen. Wie die Rebzweige mit dem Weinstock, sind die Jünger mit Jesus verbunden. Nur in der Verbindung mit ihm, nur wenn sie „in ihm bleiben" (Joh 15,4), haben sie auch die Kraft, „Frucht zu bringen" (Joh 15,4), das heißt aus Glaube, Hoffnung und Liebe zu leben, Jesus Christus in ihrer Zeit den Menschen zu bezeugen.[2]

Freunde Christi

Jesus sagt zu seinen Jüngern: „Ihr seid meine Freunde" (Joh 15,14). Das Verhältnis zu ihm ist nicht das zwischen Herr und Knecht, dem Herrn, der gebietet, und dem Knecht, der gehorcht. Freundschaft unter Menschen ist eine enge personale Beziehung. Sie ist ein Geschenk, das man einander anbietet. Freundschaft kann nicht erzwungen werden. Sie ist wechselseitiges Geben und Nehmen, Tragen und Ertragen. Einem Freund vertraut man, ja man kann sich ihm anvertrauen.

Wenn Jesus nun sagt: „Ihr seid meine Freunde", wird daran das Besondere seiner Freundschaft deutlich. Wir können sie weder durch Leistung erwerben noch ihm anbieten. Das Angebot geht allein von Jesus aus: „Nicht ihr habt mich erwählt, sondern ich habe euch erwählt" (Joh 15,16). Wir können Jesu Freunde nur deshalb sein, weil er uns dazu gemacht hat. Jesus hat uns das, was er bei Gott erfahren und woraus er gelebt hat, mitgeteilt.
Jesus hat sein Leben hingegeben für alle. Er liebt uns Menschen bis zum Ende, bis zur Vollendung. Deshalb sind wir aus Knechten zu Freunden geworden. Einzige Bedingung, um mit ihm in Freundschaft verbunden zu bleiben ist, zu tun, was er uns aufgetragen hat: „Liebt einander, so wie ich euch geliebt habe" (Joh 15,12).[3]

Vereinigt mit Jesus Christus

Durch die Taufe wird der Täufling in die Freundschaft mit Jesus Christus aufgenommen. Er tritt in eine Verbindung zum erhöhten Herrn. Wer die Taufe empfängt, erhält Anteil am Tod Christi; „er wird mit Christus begraben und auferweckt" (Vorbemerkungen, Nr. 1),[4] er wird zu einem Glied Christi (vgl.

Vorbemerkungen, Nr. 2). „Getauft werden heißt nämlich eingepflanzt werden in den Tod Christi, mitbegraben, mitbelebt und miterweckt werden in ihm" (Vorbemerkungen, Nr. 3). Diese Kennzeichnung der Taufe greift Gedanken auf, die der Apostel Paulus im Römerbrief (6,1–14) entfaltet: Durch die Taufe wird der Täufling Jesus Christus übereignet, in seinen Tod einbezogen und vereinigt mit dem Abschluß seines Sterbens, dem Begrabenwerden. Die Taufe bringt also eine Verbindung zur Person Jesu Christi und gibt Anteil an seinem Geschick. Cyrill von Jerusalem deutet dies so: „Denn in Christus ist der wahre Weinstock gepflanzt worden, und wir werden ihm eingepflanzt durch die in der Taufe erfolgende Teilhabe an seinem Tode".[5] Durch die Vereinigung mit Jesu Tod wird dem Getauften eine neue Lebensmöglichkeit eröffnet, die in der Auferweckung Jesu ihren Grund hat. Der durch die Taufe mit dem Tod Christi Geeinte ist auch mit der Auferweckung Jesu verbunden. Die Gemeinschaft mit Jesus Christus, dem Auferweckten, ist eine Verbindung, die erst in der Zukunft ihre Vollendung erfahren wird, aber jetzt schon das Leben bestimmen soll.[6] Paulus schreibt im Brief an die Galater: „Ihr alle, die ihr auf Christus getauft seid, habt Christus als Gewand angelegt" (3,27a). Der Getaufte legt das, was ihm bisher Sinn und Richtung gegeben hatte, ab. Diese neue Verbindung hebt die alten Unterschiede in religiöser (Juden und Griechen), sozialer (Sklave und Freie) und geschlechtlicher (Mann und Frau) Hinsicht auf (vgl. Gal 3,28). Es ist die neue Einheit stiftende Verbindung „in Jesus Christus" entstanden.

Die in der Taufe geschenkte Gemeinschaft mit Jesus Christus bringt die Liturgie in Zeichen zum Ausdruck: Die Neugetauften werden mit Chrisam gesalbt und erhalten das Taufkleid und das Tauflicht.

Christus – Christen

Zu Beginn seiner öffentlichen Wirksamkeit läßt sich Jesus von Johannes im Jordan taufen. In der Taufgeschichte des Markusevangeliums sieht Jesus nach seiner Taufe, daß der Himmel sich öffnet und der Geist wie eine Taube auf ihn herabkommt (Mk 1,10). Jesus ist der Messias, der Christus, der Gesalbte. Die Verheißungen Gottes „Ich habe meinen Geist auf ihn gelegt" (Jes 42,1) und „Der Geist des Herrn läßt sich nieder auf ihm: der Geist der Weisheit und der Einsicht, der Geist des Rates und der Stärke, der Geist der Erkenntnis und der Gottesfurcht" (Jes 11,2) sind an ihr Ziel gekommen. Die Taufgeschichte Jesu ist ein Evangelium im Evangelium. Sie besagt auf knappste Weise, wie es die Evangelien als Ganzes tun, daß die Verheißungen des Alten Testaments vom kommenden Messias in Jesus dem Christus erfüllt sind.

Diejenigen, die getauft werden mit Wasser und Heiligem Geist, werden in Gemeinschaft mit ihm Gesalbte, werden Christen. Das wird durch die Salbung mit Chrisam besonders herausgestellt: „Unter den Riten, die auf die eigentliche Taufe folgen, kommt der Chrisam-Salbung ein besonderer Rang zu. Sie weist hin auf das königliche Priestertum des Getauften und seine Zugehörigkeit zum Volke Gottes" (Vorbemerkungen, Nr. 15).

In Erinnerung, daß die Salbung den Heiligen Geist vermittelt und die Würde der Propheten, Priester und Könige verleiht, lautet das Deutewort zur Salbung mit Chrisam: „Du wirst nun mit heiligem Chrisam gesalbt; denn du bist Glied des Volkes Gottes und gehörst für immer Christus an, der gesalbt ist zum Priester, Propheten und König in Ewigkeit".

Christus als Gewand angelegt

Das weiße Taufkleid, das der mit Chrisam gesalbte Täufling erhält, ist ein weiteres Zeichen der Gemeinschaft, die die Taufe begründet.

Die Aussagen der Schrift und ihre Auslegung erhellen das Wort, das heute zur Übergabe des weißen Kleides gesprochen wird: „Dieses weiße Kleid soll dir ein Zeichen dafür sein, daß du in der Taufe neu geschaffen worden bist und – wie die Schrift sagt – Christus angezogen hast. Bewahre diese Würde für das ewige Leben".

Diese Deutung des Taufgeschehens wird bald in die Taufliturgie übertragen. In der „Apostolischen Überlieferung" des Hippolyt von Rom († 235) steht folgende Anweisung für die Taufbewerber: „Sie sollen ihre Kleider ablegen und nackt getauft werden".[7] Im vierten Jahrhundert entstand der Brauch, den Neugetauften nach der Taufe ein weißes Taufkleid anzuziehen. Sie trugen ihr Festkleid in der ganzen Osterwoche und legten es am „Weißen Sonntag" (Sonntag der abzulegenden weißen Gewänder) wieder ab.

Das weiße Kleid der Taufe ist ein Vorzeichen der künftigen Herrlichkeit bei Gott: „Wer siegt, wird mit weißen Gewändern bekleidet werden" (Offb 3,5; vgl. 3,4.18). Mit immer neuen Bildern wurde im Lauf der Zeit das Taufkleid gedeutet. Einige Beispiele: „die Stola der Unvergänglichkeit, welche mit dem Wasser der Taufe gewebt wird" – „das Gewand aus Wasser und Geist" – „das Gewand, das der verlorene Sohn empfängt, wenn er in das Vaterhaus zurückkehrt" – „das Hochzeitskleid, das uns würdig macht, am himmlischen Hochzeitsmahl teilzunehmen".[8]

Erleuchtet von Christus

Ein weiteres Christus-Zeichen in der Taufliturgie ist schließlich das Licht, eines der Ursymbole der Menschheit.

Jesus sagt von sich im Blick auf das zum Laubhüttenfest hell erleuchtete Jerusalem: „Ich bin das Licht der Welt" (Joh 8,12). Jesus ist nicht nur Licht für Jerusalem und Israel, er ist „Licht für die Welt". Er ist in die Welt gekommen, um allen Menschen das Licht Gottes zu bringen. Erleuchtet von ihm, können dann auch seine Jünger „Licht der Welt" sein (Mt 5,14).

Die Kirche macht die Erleuchtung mit dem Licht Christi in der Lichtfeier der Osternacht deutlich. Die am neu entfachten Feuer entzündete Osterkerze wird in die dunkle Kirche getragen. Sie ist Bild für den gekreuzigten und auferstandenen Christus. An ihrem Licht werden die Kerzen der Mitfeiernden entzündet. Im Anschluß an die Osterliturgie und damit in Erinnerung an das Leben, den Tod und die Auferstehung Jesu wird auch die Taufkerze am Licht der Osterkerze entzündet. Der Taufspender spricht bei der Übergabe der Taufkerze zuerst den Täufling an: „Empfange das Licht Christi". Dieses Geschehen deutend, fügt er hinzu: „Liebe Eltern und Paten! Ihnen wird dieses Licht anvertraut. Christus, das Licht der Welt, hat Ihr Kind erleuchtet. Es soll als Kind des Lichtes leben, sich im Glauben bewähren und dem Herrn und allen Heiligen entgegengehen, wenn er kommt in Herrlichkeit".

Das Licht Christi ist anvertraute Gabe, die bewahrt wird, wenn die Getauften als „Söhne des Lichtes" (Joh 12,36) leben. Die Christen, die sich darum mühen, werden das „Licht des Lebens" haben (Joh 8,12), sie „alle wird er dorthin führen, wo er selbst ist" (Joh 12,26).

Die Taufe begründet die Würde des Christen. Jeder Getaufte ist berufen zur Gemeinschaft mit Jesus Christus (vgl. 1 Kor 1,9). Die Taufe ist nur ein Anfang. Der Christ lebt aus der Hoffnung, daß der Herr ein für allemal an ihm vollenden wird, was er in der Taufe begonnen hat.

Otto Schneider

Anmerkungen

[1] Vgl. Jürgen Moltmann, Kirche in der Kraft des Geistes. München 1975, 260–261.
[2] Vgl. Rudolf Schnackenburg, Das Johannesevangelium (Herders Theologischer Kommentar zum Neuen Testament IV/3). Freiburg 1975, 103–113.
[3] Schnackenburg a.a.O. 123–128.
[4] Vgl. Theodor Schneider, Zeichen der Nähe Gottes. Mainz 1979, 80.
[5] Burkhard Neunheuser, Taufe und Firmung (Handbuch der Dogmengeschichte IV/2). Freiburg 1956, 56.
[6] Vgl. Heinrich Schlier, Der Römerbrief. Freiburg 1977, 190–205.
[7] Neunheuser a.a.O. 26.
[8] Erik Peterson, Marginalien zur Theologie. München 1956, 50–52.

Aufrecht steht Samuel vor dem jungen David. Dieser kniet. Voll Erwartung schauen seine Augen. Seine Hände sind ausgestreckt, bereit, um zu empfangen. Samuel hat seine Hand auf den Kopf Davids gelegt. Ihre ausladende Gebärde zeigt, daß Kraft übermittelt wird. Auch der Blick Samuels spricht davon. Die bewegten Gewänder unterstreichen, es handelt sich um ein herausragendes Geschehen.

Beide Gestalten sind verbunden mit der Erde, dem braunen Felsen und dem Grün der Wiese. Doch von oben her öffnet sich der Himmel. Eine geheimnisvolle Hand, Zeichen der Gegenwart Gottes, wird über David sichtbar.

Samuel trägt ein Salbgefäß in der linken Hand. Er benützt es aber nicht. Vom Himmel her gießt die Hand Gottes Salböl auf die Hand Samuels und so auf das Haupt des jungen David. Die Salbung Davids ist die eigentliche Mitte des Bildes. David, einer der acht Söhne Isais, ist der von Gott erwählte und gesalbte König. Im Blick auf ihn sagte der Herr: „Auf, salbe ihn! Denn er ist es!" (1 Sam 16,12). Vom König auf unserem Bild, von David gilt: „Nun bin ich gewiß; der Herr schenkt seinem Gesalbten den Sieg" (Ps 20,7). Gott hilft dem von ihm erwählten und gesalbten König vom Himmel her im Kampf gegen die Feinde Israels zum Sieg.

Die Mitte des Bildes, die direkte Salbung Davids durch Gott, vermittelt durch Samuel, kann uns auch das Taufgeschehen erschließen. Das Ausgießen des Wassers sowie die Salbung mit Katechumenenöl und Chrisam ist Sache des Taufspenders. Der eigentliche Erwählende und Taufende aber ist Jesus Christus. Er begründet die neue Gemeinschaft, die Zugehörigkeit des Getauften zu ihm. Jesus Christus ist die Mitte des Taufgeschehens. Vom Taufbewerber wird die Offenheit des Glaubens verlangt, wie sie auf dem Bild in den Augen und Händen Davids ausgedrückt ist.

Die Getauften können sich auf die Verheißung des Herrn verlassen. Er hilft ihnen vom Himmel her, an der Gemeinschaft mit ihm festzuhalten.

nunc cognoui qm saluum fecit
dns xpm suum
exaudi& illum decelo sco suo
in potentibus salus dexterae eius

in curribus & hii in equis
nos aute in nomine dni di nri inuocabim

Erfüllt mit dem Heiligen Geist

„Aus Wasser und Geist"

Der Täufer Johannes taufte mit Wasser. Die reinigende Kraft des Wassers ist bei seiner Taufe sprechender Ausdruck dafür, daß die Menschen Schuld auf sich geladen haben und der Reinigung bedürfen. Wenn Johannes mit Wasser tauft, bezeugt er die Veränderungsbedürftigkeit der Menschen und der Welt.

Als Jesus zu Johannes an den Jordan kam, offenbarte sich, daß er es ist, der mit „Geist" taufen wird. „Geist" ist ebenso ein Bildwort wie „Wasser". Wenn Menschen mit „Geist" getauft werden, dann ist Gott in ihnen gegenwärtig wie der Sturm, der die Bäume entwurzelt, und wie der Atem, der anzeigt, daß Leben da ist. All dies faßten die Juden unter dem einen Wort zusammen, das dann mit „Geist" übersetzt wurde. Um die lebenspendende Wirkung des Geistes auszudrücken, bedienen sich die Propheten häufig gerade des Bildes vom Ausgießen des Wassers, das reinigt und belebt (vgl. Jes 44,3; Ez 36,25; Joël 3,1–2). „Unversehens und im Bild des Wassers bleibend, wird die lebenschaffende Kraft des Geistes Gottes auch als reinigende, erneuernde und heilende Kraft dargestellt."[1] Wer mit „Geist" getauft wird, an dem vollzieht Gott sein Werk, der wird zum neuen Menschen geschaffen. „Gerade am Zeichen des Wassers als Symbol für das Wirken des Geistes ist zu erkennen, daß Schöpfung und Erlösung bis hin zur Vollendung untrennbar zusammengehören und ein Ganzes bilden."[2]

Die christliche Taufe ist beides: Der Mensch wird mit Wasser und mit Geist getauft. Im äußeren Zeichen der Johannestaufe „ließen sich die entscheidenden Gesichtspunkte zusammenfassen, dann nämlich, wenn es mit Jesus Christus verbunden wurde..."[3]

„Herr, unser Gott, schenke diesem Wasser die Kraft des Heiligen Geistes, damit der Mensch, der auf dein Bild hin geschaffen ist, neue Schöpfung werde aus Wasser und Heiligem Geist." So wird bei der Taufwasserweihe gebetet. Wenn die Kirche die Taufe spendet, tut sie das nicht in „einem selbstherrlichen Taufverständnis"[4]; in ihrer Taufe wird vielmehr die Selbsthingabe Jesu Christi gegenwärtig, die den Menschen reinigt, das Böse tilgt und unzerstörbares Leben schenkt. „Ihre Taufe ist also nicht nur Versiegelung angesichts des nahen Gerichts, sondern sie ist positiv zeichenhafte Übereignung des Heils"[5] in Jesus Christus. Wo einer an Christus glaubt, wo einer in der Kraft Christi dem Vater vertraut, da ist das neue Leben in seiner Fülle, da ist Gottes Leben. Die Wiedergeburt des Menschen in der Taufe ist eine zweite Geburt „aus Wasser und Geist" (Joh 3,5).

Geistbegabung

„Laßt uns beten zu Gott, dem allmächtigen Vater, daß er diesem Kind aus dem Wasser und dem Heiligen Geist neues Leben schenke." Wie in dieser Gebetseinladung zur Taufwasserweihe wird immer wieder bei der Feier der Taufe die enge Verbindung von Heiligem Geist und Taufe ausgedrückt. Die Taufe ist der „Ort des Geistempfanges"[6]. Was aber wirkt der Geist? Paulus sagt, daß unser Leib „Tempel des Heiligen Geistes" ist (1 Kor 6,19). Der Geist ist aber eine Kraft, die nicht nur in vorübergehenden außerordentlichen Augenblicken, sondern dauernd und überall im Leben des Getauften wirkt. Im Geistbesitz der Christen erfüllen sich die alttestamentlichen Verheißungen, die die Fülle des Geistes so umschreiben: „Geist der Wahrheit und der Einsicht, Geist des Rates und der Stärke, Geist der Erkenntnis und der Gottesfurcht" (Jes 11,2). Die Verbindung von „Geist" und „Weisheit" ist bemerkenswert und bedeutsam. Im Alten Testament wird von der Weisheit im Zusammenhang mit der Schöpfung gesprochen.[7] Der Geist bringt also schöpfungsgewirkte Anlagen des Menschen zur Entfaltung.

Das ist die eine Seite der Geistbegabung. Es gilt aber auch: „Taufe begründet Leben im Heiligen Geist".[8] Wie im Alten Testament Könige, Priester und Propheten für ihr Amt gesalbt wurden, so werden die Getauften zu einem königlichen Geschlecht, zu Christen mit priesterlichem Auftrag und prophetischer Gabe berufen. Der schon im Alten Bund tätige Geist wird durch Jesus Christus in ganz neuer Weise wirksam. Der Täufling wird durch den Geist dem himmlischen Herrn unterstellt, der Herr ergreift durch den Geist Besitz vom Menschen und schenkt ihm durch den Geist das Heil.

Die Begabung mit dem Geist Gottes in der Taufe darf nicht vordergründig als das Erhalten einer von Gott und Christus losgelösten Sache oder Kraft aufgefaßt werden. Jeder Getaufte macht in seinem Alltagsleben Erfahrungen, die Erfahrungen des Geistes sein können: Erfahrungen von Freiheit und Führung, von Licht und Güte.[9] Wie Jesus Christus selbst vom Heiligen Geist erfüllt war – Christus heißt ja: der im Heiligen Geist Gesalbte –, so empfangen auch wir in der Taufe den Geist Gottes, um als Christen leben, das heißt denken und handeln zu können. Was uns Christus ähnlich macht, ist die Begabung mit dem gleichen Geist.

Leben im Heiligen Geist

Der Täufling wird nur in dem Maße zu einem Christen, als er sich tatsächlich dem Geiste Jesu Christi öffnet, als er sich auf Jesu Wort und Weisung einläßt und sich in seiner Art und Weise zu leben daran bindet. „Das neue Leben ist Geschenk und Verpflichtung zugleich. Von daher ist Taufe nie nur Vergangenheit."[10] Die Mahnung „Löscht den Geist nicht aus" (1 Thess 5,19) muß dahin gedeutet werden, daß der Christ die Anregungen des Heiligen Geistes nicht ersticken und dadurch Gutes unterlassen darf. Eine Beschreibung des Lebens im Heiligen Geist gibt Paulus, wenn er den „Werken des Fleisches" als „Frucht des Geistes" gegenüberstellt: „Liebe, Freude, Friede, Langmut, Freundlichkeit, Güte, Treue, Sanftmut und Selbstbeherrschung" (Gal 5,19–23). Überall, wo wir Hingabefähigkeit, Vertrauen und Standhaftigkeit begegnen, ist Gottes Geist wirksam. Er drängt uns dazu, gegen unsere Gleichgültigkeit, unsere Trägheit, unsere Mutlosigkeit und gegen alle bösen Kräfte anzugehen, denn er gibt uns die innere Gewißheit, daß die lebendige Kraft des Guten, die Kraft Gottes, stärker ist als alle zerstörerischen Mächte. Das Leben Jesu zeigt, daß der Geist eine aktive Macht ist, daß er also auch uns nicht in Ruhe lassen will, sondern zu neuen Haltungen bewegt und zu Taten treibt, die die Grenzen des Gewohnten und Gewohnheitsmäßigen überschreiten. Wenn wir in dieser Welt auch noch nicht die ganze Fülle der Herrschaft Gottes erfahren; wenn wir manchmal Angst haben und ratlos sind; wenn unser Leben unvollkommen und dunkel erscheint, haben wir doch im Heiligen Geist bereits ein Angeld auf das kommende volle Leben erhalten. Im Blick auf dieses volle Leben dürfen die Getauften ihr Dasein nicht eingrenzen lassen durch die täglichen Pflichten, sondern müssen ihr Herz der schöpferischen Liebe offenhalten. „Die Taufe ist ... der beständige Ruf zum Christwerden, die bleibende Verpflichtung zum aktiven Mitleben mit der Gemeinde, der unaufhörliche Antrieb zur Verwirklichung der christlichen Existenz in der Welt."[11] Das Leben im Heiligen Geist will so ein beherzter Einsatz sein für eine menschlichere Welt, in der sich das endzeitliche Gottesreich der Gerechtigkeit und des Friedens immer stärker vorausspiegelt und immer lauter ankündigt.

„Die eine Taufe zur Vergebung der Sünden"

Die Taufe des Johannes war eine Bußtaufe „zur Vergebung der Sünden", das letzte Angebot der Umkehr vor dem anbrechenden Zorngericht Gottes. Wer sich von Johannes taufen ließ, bekannte damit, daß er dessen Bußpredigt annahm: „Bekehrt euch, damit eure Sünden vergeben werden" (Mk 1,4). Jesus selbst wurde von Johannes getauft, er nahm das Bußzeichen der Johannestaufe auf sich.

Die Urkirche jedoch hat die Johannestaufe entscheidend umgestaltet. „Wie bei Johannes ist die urchristliche Taufe eine Taufe der Umkehr... Andererseits aber unterscheidet sich die christliche Taufe in einem ganz wesentlichen Punkt von der Johannestaufe. Sie macht damit ernst, daß die Predigt Jesu nicht in erster Linie Gerichtspredigt, sondern Verkündigung des Heils gewesen ist..."[12] Der Täufling wird durch die Taufe in das Heil und in die Erlösung hineingestellt, die mit Jesus gekommen ist. Im Sakrament der Taufe vergewissert Gott den Menschen seiner vergebenden Liebe; der Mensch nimmt dieses Angebot an und erwidert es frei durch die Bereitschaft, sich Gott zuzuwenden, seinen Willen zu ergründen und nach ihm zu leben. Die Heilsbedeutung der Taufe wird daran erkennbar, daß dem Täufling die Vergebung der Sünden zugesichert wird. Vergebung von Schuld und Sünde gehört zu den großen Sehnsüchten des Menschen in der Begegnung mit Gott. Paulus bezeugt das den Korinthern, wenn er sie daran erinnert: „Ihr seid reingewaschen, seid geheiligt, seid gerecht geworden im Namen Jesu Christi, des Herrn, und im Geist unseres Gottes" (1 Kor 6,11). Hier klingt die urchristliche Taufunterweisung an, wird die vergebende und heiligende Kraft der Taufe dargestellt.

Die Sündenvergebung steht aber mit dem Tod Jesu in einem unlöslichen Zusammenhang. Denn für die Taufe ist die grundlegende Glaubensformel vorausgesetzt, daß Christus gemäß den Schriften für unsere Sünden gestorben ist (1 Kor 15,3).

Befreiung von der Macht des Bösen

Im Neuen Testament wird der Christ als geistlicher Mensch beschrieben: „Wer vom Fleisch bestimmt ist, kann Gott nicht gefallen. Ihr aber seid nicht vom Fleisch, sondern vom Geist bestimmt, da ja der Geist Gottes in euch wohnt" (Röm 8,8–9). Im Getauften wirkt der Geist Freiheit, Befreiung von der Versklavung unter das Gesetz, unter die Sünde und unter den Tod: die Freiheit der Kinder Gottes.

Wir leben nicht in einer heilen Welt. Die Welt ist voller Unheil, in das wir hineingeboren werden und unter dem wir leiden. Schuldverstrickung und Versagen legen sich auf jedes menschliche Leben. Taufe bedeutet da: Gott legt seine Hand auf den Menschen. Er nimmt die Unheilssituation und die „Schuldbestimmtheit"[13] zwar nicht einfach vom Menschen, aber er gibt ihm die Kraft seines Geistes, daß er sie bestehen kann, daß er die Welt zum Guten hin verändert. Gott ermöglicht ein neues Menschsein, das aus der Kette von Schuld und Versagen ausbrechen kann und nicht von vornherein zum Scheitern an der eigenen Schwachheit und am schuldhaften Versagen anderer verurteilt ist. So bittet die Taufliturgie für die zu taufenden Kinder: „Entreiße sie durch die Kraft des Leidens und der Auferstehung deines Sohnes der Macht der Finsternis". In Christus hat Gott den Unheilszusammenhang der Welt endgültig zerbrochen.

Aus der Taufe ergibt sich als Verpflichtung für den Getauften der ständige Kampf gegen das Böse. In der Nachfolge Jesu kann dieser Kampf hoffnungsvoll und siegessicher geführt werden. Eine Zeremonie bei der Taufe bringt dies besonders deutlich zum Ausdruck: die Absage an die Macht des Bösen. Dem Täufling wird eine kompromißlose Zurückstoßung des Bösen abverlangt. Aber bei der scharfen Absage bleibt die Taufliturgie nicht stehen. Unmittelbar an das klare Nein gegenüber dem Bösen schließt sich das Ja zu Gott und seinem Heilshandeln an. Der Täufling bekennt den Glauben der Kirche und verspricht, ihn im Vertrauen auf die Kraft des Geistes zu leben. Der Ritus der Absage und des Bekenntnisses kehrt als Taufbesinnung immer wieder bei der jährlichen Osterfeier, bei der Erstkommunion und bei der Firmung.

Taufe und Firmung

Die Taufe findet ihre Vollendung in der Firmung. „In der Firmung werden sie (die Getauften) durch die Gabe des gleichen Geistes, der sie dem Herrn noch ähnlicher macht, besiegelt und mit Heiligem Geist erfüllt, damit sie vor der Welt von Christus Zeugnis ablegen und so dazu beitragen, daß der Leib Christi zu seiner Vollgestalt gelange" (Vorbemerkungen, Nr. 2). Der Getaufte wird in der Firmung durch die Mitteilung des Heiligen Geistes zum Glaubenszeugnis ausgerüstet und neu gestärkt gegenüber den Mächten und Gewalten der Lüge, des Hasses und des Unglaubens. Die Firmung ist somit das Sakrament zur Sendung des Getauften in die Welt, das Sakrament der Mitverantwortung.

Hans Kreidler

Anmerkungen

1 Philipp Harnoncourt, Vom Beten im Heiligen Geist, in: Gott feiern. Hrsg. von Josef G. Plöger. Freiburg 1980, 100–115, hier: 103.
2 a.a.O. 103.
3 Theodor Schneider, Zeichen der Nähe Gottes. Mainz 1979, 87.
4 Alexandre Ganoczy, Einführung in die katholische Sakramentenlehre. Darmstadt 1979, 58.
5 Gerhard Lohfink, Der Ursprung der christlichen Taufe, in: Bibel heute 48 (1976), 176–179, hier: 179.
6 Rudolf Schnackenburg, Die Taufe in biblischer Sicht, in: Waldemar Molinski, Diskussion um die Taufe. München 1971, 15–36, hier: 23.
7 Vgl. Alfons Deissler, Gottesgeist und Gottesvolk, in: Vom Geist, den wir brauchen. Hrsg. von Walter Strolz. Freiburg 1978, 9–30, hier: 15.
8 Vgl. Schneider, Zeichen der Nähe Gottes 89.
9 Vgl. Karl Rahner, Erfahrung des Geistes. Freiburg 1977, 35–45.
10 Schneider, Zeichen der Nähe Gottes 89.
11 Schnackenburg, Die Taufe in biblischer Sicht 25.
12 Lohfink, Der Ursprung der christlichen Taufe 179.
13 Karl Rahner, Grundkurs des Glaubens. Freiburg ^{5}1977, 116.

Fünf Säulen mit vier Arkaden darüber deuten den Tempel an. Ein Mensch sitzt da. Er streckt Arme, Hände und Finger aus und weist mit sprechender Gebärde auf einen Ölbaum. Dessen Zweige breiten sich im Tempel aus, grünen und blühen. Durch die beiden mittleren Arkaden mit den um die Säulen verknoteten Tempelvorhängen reicht ein rotes Spruchband: „oliva fructifera in domo dei", „ein fruchttragender Ölbaum im Hause Gottes".

Der Ölbaum ist ein Urbild: ungemein widerstandsfähig wird er oft viele hundert Jahre alt. Seine silbergrünen Blätter fallen nicht ab. Er gilt als Symbol der Fruchtbarkeit und Segensfülle und erinnert an den Lebensbaum, der mit seinen Wurzeln dort hinreicht, wo die Quellen sind und reiche Nahrung da ist. Er stellt jenes Leben dar, das Stand und Gestalt hat, das blüht und Frucht trägt. Öl, als Lebenskraft aus der Frucht des Ölbaumes gewonnen, macht gesund und steigert das Leben; es weist so auf den Geist Gottes hin und auf die von ihm ausgehende Kraft.

„Ich aber bin im Haus Gottes wie ein grünender Ölbaum; auf Gottes Huld vertraue ich immer und ewig" (Ps 52,10). Der hier redet, wird der Wurzel seines Lebens eingedenk. Sie liegt im Tempel, in Gottes Haus. Wer über die heilige Schwelle tritt, kann Gottes Nähe erfahren. Im Tempelraum leuchtet Gottes Herrlichkeit geheimnisvoll auf. Dem Gerechten wendet sie sich huldvoll zu; sie läßt ihn aufleben; sie stärkt ihn an Leib und Seele. Er, der in Gottes Gegenwart wurzelt, kann sich auf die Zuwendung Gottes verlassen. Sie gibt Bestand und Gedeihen, das Lebendige läßt sie fruchtbar sein.
Im Gegensatz zu dem der Vernichtung anheimfallenden, entwurzelten und gottfernen Menschen sieht sich der betende Gerechte im Besitz der gesunden Lebenskraft, die ihm aus seinem Vertrauensverhältnis zu Gott entströmt.

Wir dürfen das Wort vom blühenden Ölbaum auf den Getauften anwenden, er darf sich in diesem Bild wiederfinden. „Tempel" ist dann nicht mehr das Haus Gottes an einem bestimmten Platz; es ist jetzt jeder Ort, das ganze Land, das ja Gott gehört. Wo immer der Getaufte weilt, ist er in Gottes Nähe: angenommen, geschützt und mit reichen Gaben bedacht. Der Geist Gottes ist mit ihm.

Videbunt iusti & timebunt & sup eu ridebunt & dicet
ecce homo qui non posuit dm adiutore suum

Sed sperauit in multitudine diuitiaru suaru
& pr̄ualuit in uanitate sua

Ego aut sicut oliua fructifera in domo di speraui
in mīa di in aeternu & in sclm scli

Confitebor tibi in sclm quia fecisti & expec
tabo nomen tuum qm bonum in conspectu
scōrum tuorum;

Eingegliedert in die Kirche

Eingliederung

Viele Eltern verstehen die Anmeldung zur Taufe ihres Kindes zunächst als Bewerbung um die Mitgliedschaft in einer kirchlichen Gemeinschaft. Auch wenn sie selbst ihr nur mit sympathisierender oder skeptischer Distanziertheit begegnen, legen sie Wert darauf, daß ihr Kind dieser Gemeinschaft eingegliedert wird.

Im Taufgespräch und in der Taufhomilie werden die anderen Dimensionen der Taufe genannt und gedeutet: Taufe als Wiedergeburt – Mit Christus sterben, in seinen Tod hineinbegraben werden – Mit Christus auferstehen, mit ihm zum ewigen Leben auferstehen – Geschenk der Freiheit der Kinder Gottes – Aufnahme in das Reich des Lichtes – Befreiung von der Erbschuld und der Macht des Bösen – Neu3 Schöpfung aus Wasser und Heiligem Geist.

Dennoch geht es vordergründig vielen Eltern zunächst um die Zugehörigkeit zu einer konkreten, erfahrbaren kirchlichen Gemeinschaft. Deutlicher wird dies noch bei Gesprächen mit Elternpaaren aus verschiedenen kirchlichen Traditionen. Nicht die verschiedenen Taufliturgien bilden hier den Zündstoff. Auch nicht das Taufsakrament an sich oder die in den verschiedenen christlichen Kirchen je verschiedene Akzentuierung und Deutung der Taufe. Die Frage ist hier primär: Zu welcher Kirche sollen unsere Kinder zählen?

Hier öffnet sich die Tür für das Verständnis der Taufe als einem wesentlichen Teil kirchlicher Initiation (= Einführung).

Taufe als Eingliederung in die Kirche und Taufe als Sakrament der Initiation: zwei wichtige, aber zu unterscheidende Gesichtspunkte. Der eine Gesichtspunkt betont die Taufe als äußeres Zeichen dafür, daß ein Mensch in vollem Umfang zu einer bestimmten Gruppe gehört.[1] Der zweite Gesichtspunkt hebt mehr ab auf die Einführung und Einübung in das christliche Leben, die Entfaltung des Geistes der Kindschaft und die Öffnung der Gemeinschaft des Gottesvolkes, die des Todes und der Auferstehung ihres Herrn gedenkt.[2] Beide Aspekte ergänzen sich gegenseitig und müssen die Schwerpunkte der Taufpastoral bestimmen, die wegführt von einem nur punktuellen Vorgang und Verständnis weckt für den durch die Taufe eröffneten Weg des Christwerdens (Vorbemerkungen, Nr. 1).

Eingliederung in die Kirche

Durch die Eingliederung in die Kirche werden die Täuflinge „zu Gliedern Christi und damit zu Gottes Volk; sie empfangen Nachlaß aller Schuld und werden aus dem Stand, in den sie hineingeboren sind, hinübergeführt in den Stand der Gotteskindschaft. Sie werden neu geschaffen aus dem Wasser und dem Heiligen Geist und so zu Kindern Gottes berufen" (Vorbemerkungen, Nr. 2).3

Die Bezeichnung mit dem Kreuz und die Salbung mit Chrisam deuten diese Eingliederung in den Leib Christi, in das Volk Gottes.
Nach der Taufhomilie spricht der Taufspender die zur Taufe angemeldeten Kinder an: „Mit großer Freude nimmt euch die christliche Gemeinde auf. In ihrem Namen bezeichne ich euch mit dem Zeichen des Kreuzes. Nach mir werden auch eure Eltern und Paten dieses Zeichen Christi, des Erlösers, auf eure Stirn zeichnen". Damit wird deutlich, daß die Gemeinde, der dieses Kind eingegliedert wird, zur Nachfolge des gekreuzigten Christus aufgerufen ist. Die Heilsgaben, die in der Taufe vermittelt werden, haben ihren Ursprung im erlösenden Opfertod Jesu Christi am Kreuz.

Auch die Salbung mit Chrisam zeigt den Sinn der Eingliederung auf: „Ihr werdet mit dem heiligen Chrisam gesalbt; denn ihr seid Glieder des Volkes Gottes und gehört für immer Christus an, der gesalbt ist zum Priester, König und Propheten in Ewigkeit". Die Glieder des Gottesvolkes gehören für immer zu Christus. Er vollendet die im Alten Bund vorgezeichnete Tradition des priesterlichen Dienstes, des königlichen Auftrags und des prophetischen Amtes. Getaufte haben teil an seinem Priestertum, Königtum und Prophetentum. Das Chrisam symbolisiert, was in der Taufe geschenkt wird: die Eingliederung in den gesalbten Christus und in das Volk der Gesalbten, das Gottesvolk des Neuen Bundes.

Eingliederung in die konkrete Gemeinde

Die Kirche, in die das Kind eingegliedert wird, stellt sich dar in einer konkreten Gemeinde. Dieser Gemeinde begegnen Eltern und Täuflinge in der Person des Taufspenders und der bewußt zur Tauffeier eingeladenen Gemeinde.

„Damit deutlich werde, daß die Taufe ein Sakrament des Glaubens der Kirche ist und in das Volk Gottes eingliedert, soll sie normalerweise in der Pfarrkirche gefeiert werden, die deshalb einen Taufbrunnen haben muß" (Vorbemerkungen, Nr. 42). Die Pfarrkirche ist das Haus des Herrn und zugleich das Haus der Gemeinde. Daher können Krankenhäuser, Entbindungsheime und Privathäuser nur im Notfall oder in Lebensgefahr als Ort der Taufe anerkannt werden.

„Nach Möglichkeit sollen auch Freunde und Nachbarn und weitere Mitglieder der Pfarrgemeinde an der Tauffeier tätig teilnehmen. Sie alle geben durch ihre Teilnahme den gemeinsamen Glauben und die gemeinsame Freude kund, mit der die Neugetauften in die Kirche aufgenommen werden. So wird deutlich, daß der Glaube, auf den die Kinder getauft werden, nicht nur der Glaube der Familie ist, sondern kostbarer Besitz der gesamten Kirche Christi" (Vorbemerkungen, Nr. 20).

In dem über Jahre sich erstreckenden Vorgang der Eingliederung begegnet das getaufte Kind seiner Gemeinde im Kindergarten, in der Kindergruppe, im Kinder- und Gemeindegottesdienst, im Religionsunterricht, in der außerschulischen Katechese, in der Jugendgruppe.

Eine verantwortliche Pastoral soll alles daransetzen, daß die Gemeinde als Lebensraum des Glaubens und Erfahrungsraum von Liebe und Gottesfurcht ins Spiel kommt. Alle aktiven Glieder müssen ihre Gemeinde als Vermittlerin und Hüterin des Glaubens erfahren. Einer Gemeinde kann es also nicht gleichgültig sein, wer neu in ihre Mitte aufgenommen wird. Ebensowenig darf es ihr unwichtig sein, was ein neues Glied in dieser Gemeinde und für diese Gemeinde tut. Der kommenden Generation der Getauften sind wir es schuldig, daß ihre Sehnsucht nach Getragenwerden in einer menschlichen und brüderlichen Gemeinschaft entsprochen wird.

Die einzelnen Glieder der christlichen Gemeinschaft sollen allen Getauften helfen, der Berufung der Christen entsprechend die personale Antwort des Glaubens zu finden. Mit der Taufe wird die Eingliederung in Gang gesetzt, initiiert. Schrittweise wird ein getauftes Kind sich in diesen Raum hineintasten müssen. Zunächst wird es begleitet von seinen Eltern. Tastend wird es nach den ihm hingehaltenen Händen greifen, um sich so Schritt für Schritt eingliedern zu lassen in die von lebendigem Glauben geprägte Gemeinde. Ein Kind soll bald spüren, daß es ganz dazugehört und von den Lebensvorgängen der christlichen Gemeinde selbst zu leben lernt. Was initiiert ist, ist noch lange nicht volle Wirklichkeit.

Die Eltern

Die Eltern sollen sich zum Gottesvolk des Neuen Bundes zählen und ihren Teil zur Entfaltung des Glaubens einbringen. Daher hat das Zweite Vatikanische Konzil angeordnet, den Ritus der Kindertaufe zu überarbeiten und der tatsächlichen Situation der Kinder anzupassen; die Rolle der Eltern und Paten und ihre Pflichten sollen deutlicher hervortreten.[4] Dieser Aufforderung ist die Neuordnung der Kindertaufe nachgekommen. Die Kinder werden nicht mehr als Erwachsene angesprochen. Es wird mit der Anwesenheit der Eltern, also auch der Mütter, gerechnet. Dies können wache Eltern durchaus spüren. Das Kind wird nicht mehr in eine fiktive Befragung eines Unmündigen und Sprachlosen einbezogen. Die anwesenden Eltern werden nach ihrem Glauben gefragt. So tritt die aktive Rolle der Eltern deutlich in Erscheinung:

Die Eltern erbitten für ihr Kind die Taufe. Nicht die Kirche oder die Großeltern drängen zur Taufe. Die Eltern bezeichnen nach dem Taufspender als erste das Kind mit dem Zeichen des Kreuzes, dem Zeichen der Eingliederung in das neue Gottesvolk.

Die Eltern werden mit den Paten zusammen gefragt, ob sie dem Bösen widersagen und den Freiheitsraum der Kinder Gottes bewahren wollen.

Die Eltern werden nach ihrem Glauben gefragt und legen vor der Taufgemeinde ihr Glaubensbekenntnis ab.

Die Eltern tragen ihr Kind zum Taufbrunnen und halten es während der Spendung der Taufe.

Die Eltern entzünden die Taufkerze ihres Kindes an der Osterkerze.

Die Eltern empfangen zunächst den abschließenden Segen. Vater und Mutter werden eigens angesprochen und an ihre Pflicht erinnert, den Keim, der in der Taufe gelegt ist, zur Entfaltung zu bringen.

Eher hätte man früher auf die aktive Rolle der Eltern verzichten können, in einer Zeit, da Familie, Nachbarschaft und Umwelt der Entfaltung der Taufe nachgeholfen haben. Heute, da eine allgemein christliche Atmosphäre immer mehr im Schwinden ist, sind die Eltern mehr als bisher gefragt. Heute, da die bewußt aus der Taufe Lebenden deutlich eine Minderheit in der Gesellschaft sind, kann die Kirche auf den Appell an die Eltern nicht verzichten. Im Gegenteil: Wenn beide Eltern sich außerstande sehen, ihr Kind im christlichen Glauben zu erziehen, legt sich der Gedanke eines Taufaufschubs nahe.[5] „Die Taufe darf erst gespendet werden, wenn jemand im Lebensbereich des Kindes bereit ist, das Kind in den Glauben und das Leben der Kirche einzuführen."[6] Selbstverständlich kann diese aktive Sorge nur mit Zustimmung der Eltern befürwortet werden.

Die Paten

Die Paten repräsentieren die Kirche. Für die Erwachsenentaufe war das schon von Anfang an selbstverständlich. „Auch bei der Kindertaufe soll wenigstens ein Pate dabei sein, gleichsam zur geistlichen Ausweitung der Familie des

Täuflings und als Darstellung der Mutter Kirche. Auf seine Weise soll er den Eltern beistehen, damit das Kind seinen Glauben bekennen und im Leben verwirklichen kann" (Vorbemerkungen, Nr. 39).
Jede Einführung ins Leben braucht solche Paten. Dies gilt für die Fertigkeiten unserer Zivilisation wie für die Kenntnisse und Künste unserer Kultur. Als Taufpaten sind sie Vertreter der Kirche. Deshalb wird von ihnen eine positive Einstellung zur Kirche erwartet.

Die Paten werden zu Beginn der Tauffeier gefragt, ob sie bereit sind mitzuhelfen, daß aus dem Täufling ein guter Christ wird.
Nach den Eltern bezeichnen sie das Kind mit dem Kreuzzeichen und bejahen so seine Eingliederung in das Gottesvolk.

Mit den Eltern widersagen sie dem Bösen und bekennen den Glauben der Kirche. Sie begleiten die Eltern zum Taufbrunnen und verdeutlichen damit, daß sie nicht als Zuschauer dabeistehen, sondern für ihren Glauben einstehen wollen.

Eltern und Paten sind durch die Taufe eines Kindes nicht nur herausgefordert, Geleit und Belehrung zu vermitteln. Durch ihren bewußten Einsatz können sie selbst zur Erneuerung ihres Glaubens finden und ihre Aufgabe im Gottesvolk neu entdecken.

Anton Bauer

Anmerkungen

[1] Eingliederung in die Kirche. Herausgegeben im Auftrag der Deutschen Bischofskonferenz von der Konferenz der deutschsprachigen Pastoraltheologen. Mainz 1972, 16f.
[2] Zweites Vatikanisches Konzil, Dekret über die Missionstätigkeit der Kirche, Art. 14.
[3] In diesem Zusammenhang taucht die Frage nach der Reihenfolge der drei Initiationssakramente auf. Die kirchlichen Dokumente kennen folgende Reihenfolge: Taufe, Firmung, Eucharistie. Die bei uns allgemein übliche Praxis setzt die Reihenfolge zeitlich anders: Taufe, Eucharistie, Firmung. Daß dabei pastoral-soziologische und pastoral-psychologische bzw. pädagogische Momente vorrangig ins Spiel gebracht werden, ist offenkundig. Die an dieser Frage sich entzündende Auseinandersetzung, die auch die Frage des Firmalters mit einschließt, kann hier nicht weiter behandelt werden.
[4] Zweites Vatikanisches Konzil, Konstitution über die Heilige Liturgie, Art. 67.
[5] Taufaufschub und Taufverweigerung sind voneinander zu unterscheiden.
[6] Pastorale Anweisung der Deutschen Bischöfe an die Priester und Mitarbeiter im pastoralen Dienst zur rechtzeitigen Taufe der Kinder, in: Kirchliches Amtsblatt der Diözese Rottenburg-Stuttgart 1979, 167–169.

Auf der Stadtmauer haben sich Menschen versammelt. Sie drängen sich, um Ausschau halten zu können nach der segnenden Hand Gottes. Sie blicken nach oben. Sie schauen wartend, suchend ungeduldig. Sie strecken bittend und flehend ihre Hände aus. Sie möchten die segnende Hand ergreifen.

Die befestigte Stadt zeigt ein offenes Tor. Man könnte aus der Stadt fliehen, während die Bewohner auf die segnende Hand Gottes schauen. Man könnte eindringen durch das offene Tor, um die Bewohner durcheinanderzubringen. Man könnte sich aber auch eingliedern in die Schar derer, die Ausschau halten nach dem rettenden Gott.

Die befestigte Stadt – ein Bild für die Kirche, die das Heil ihres Herrn und Gottes sucht. „Jerusalem, preise den Herrn, lobsinge, Zion deinem Gott" (Ps 147,12).

Das offene Tor der Stadt – ein Zeichen für die Anfechtbarkeit und Anfälligkeit einer Kirche, die sich öffnet für alle, die nach einem Leben unter der segnenden Hand Gottes verlangen.

Die Männer und Frauen auf der Stadtmauer sind eingegliedert in das Volk Gottes. Die Heiligen wohnen in der Heiligen Stadt. Ganz ausgegliedert aus der Welt aber sind sie nicht. Sie schulden denen, die draußen sind, das offene Tor. „Denn er hat die Riegel deiner Tore festgemacht, die Kinder in deiner Mitte gesegnet" (Ps 147,13).

Im dritten Jesaja-Buch wird die Wallfahrt der Völker zum gesegneten Jerusalem geschildert. Der Prophet beschreibt die Heilige Stadt, die kommende Herrlichkeit Zions: „Deine Tore bleiben immer geöffnet, sie werden bei Tag und bei Nacht nicht geschlossen, damit man den Reichtum der Völker zu dir hineintragen kann; auch ihre Könige führt man herbei" (Jes 60,11).

Ein Bild für die Kirche heute: Offene Tore, damit die Völker Einlaß finden und ihren Reichtum einbringen können. Eine Kirche mit offenen Toren, damit alle, die nach der segnenden Hand Gottes Ausschau halten, Zugang finden zu seinem heiligen Volk.

Die Erneuerung der Taufe

Jeder Christ empfängt die Taufe nur einmal. Sie wird immer ein für allemal gespendet. „Es gibt zwar keine Wiederholung der Taufe, aber ein Neuwerden der Taufe. Es gibt ein Aufleben der Taufgnade bis zur Taufherrlichkeit... Die Taufe ist eine bleibende Wirklichkeit in uns und der Erneuerung unbegrenzt fähig."[1]

Die Taufliturgie bringt denselben Gedanken zum Ausdruck. Unmittelbar nach der Taufspendung bekommt der Täufling das weiße Taufkleid überreicht; im dazugehörigen Deutewort läßt vor allem der letzte Satz aufhorchen: „Bewahre diese Würde für das ewige Leben". Damit ist kurz und bündig die Lebensaufgabe eines Christen ausgesprochen: Die Taufwürde wird bewahrt, indem sie sich unter den jeweils neuen Anforderungen des Tages bewährt. Was bewahrt wird und sich bewähren muß, setzt freilich eine stetige innere Erneuerung voraus. Daher schreibt ein berühmter geistlicher Lehrer Frankreichs, Charles de Condren († 1641):

„Ihr seid Christen nur mittels der Sakramente; ihr seid es nicht kraft eures eigenen Lebens. Was immer ihr tut, ihr seid wie ein toter Leib, wenn ihr nicht danach trachtet, eure Taufe zu beseelen, zu beleben".[2]

Ein Blick in die Liturgie- und Frömmigkeitsgeschichte läßt eine Reihe von Formen gemeinschaftlicher und persönlicher Tauferinnerung und -erneuerung erkennen.[3] Einige dieser Formen werden hier vorgestellt. Die eindrucksvollste Tauferneuerung aber ist ohne Zweifel das bewußte Miterleben einer Taufe in der Gemeinde.

Osterfeier

Zu keiner anderen Zeit des Kirchenjahres steht die Tauferinnerung und -erneuerung so sehr im Mittelpunkt der Liturgie wie in der Fastenzeit und an Ostern. „Katechumene und Gläubige bereitet die Liturgie der Vierzig Tage zur Feier des Ostergeheimnisses: die einen durch die verschiedenen Stufen der Aufnahme in die Kirche, die anderen durch Taufgedächtnis und tätige Buße."[4] Daher nennt eine der Fastenpräfationen als Ziel der österlichen Bußzeit die „Feier der Geheimnisse, die in uns die Gnade der Kindschaft erneuern".[5]

Die Neuordnung der Osternacht (1951 und 1955) hat den Hauptgottesdienst des Kirchenjahres „zur großen Nacht der Tauferinnerung"[6] gemacht. In die Liturgie der Osternacht wurde die Erneuerung des Taufversprechens durch die versammelte Gemeinde aufgenommen. „Was einst eine unter vielen Formen der Tauferinnerung war, ist im Rahmen der wiederhergestellten Osternacht die jährliche Tauferinnerung der Gemeinde geworden."[7] Die Absage und das Bekenntnis in Frage und Antwort sind genauso Teil der Osternacht wie sie zur Taufliturgie gehören.

Die Gebete und Lesungen der Fasten- und der Osterzeit kommen immer wieder auf das Sakrament der Taufe zu sprechen. Dafür ein Beispiel:
„Barmherziger Gott,
durch die jährliche Osterfeier erneuerst du den Glauben deines Volkes.
Laß uns immer tiefer erkennen,
wie heilig das Bad der Taufe ist,
das uns gereinigt hat,
wie mächtig dein Geist,
aus dem wir wiedergeboren sind,
und wie kostbar das Blut,
durch das wir erkauft sind".[8]

Tag des Herrn

Was Ostern für das ganze Jahr bedeutet, ist der Sonntag für die Woche. „An diesem Tag müssen die Christgläubigen zusammenkommen, um das Wort Gottes zu hören, an der Eucharistiefeier teilzunehmen und so des Leidens, der Auferstehung und der Herrlichkeit des Herrn Jesus zu gedenken und Gott dankzusagen, der sie ‚wiedergeboren hat zu lebendiger Hoffnung durch die Auferstehung Jesu Christi von den Toten' "[9] (1 Petr 1,3). Oder aus den Erfahrungen der Diaspora heraus formuliert: „Wir müssen zusammenkommen, um den Herrn und die Brüder nicht aus den Augen zu verlieren".[10]

Die Sonntagsmesse ist *der* Gottesdienst der getauften Christen. Die Eucharistie ist immer auch Taufdank. Eine der Sonntagspräfationen preist im Blick auf die Taufe Gott den Vater für die großen Taten Jesu Christi:
„Durch seinen Tod und seine Auferstehung
hat er uns von der Sünde
und von der Knechtschaft des Todes befreit
und zur Herrlichkeit des neuen Lebens berufen.
In ihm sind wir ein auserwähltes Geschlecht,
dein heiliges Volk, dein königliches Priestertum.
So verkünden wir die Werke deiner Macht,
denn du hast uns aus der Finsternis
in dein wunderbares Licht gerufen".[11]

Die Sonntagsmesse kann mit einem besonderen, seit dem neunten Jahrhundert üblichen Taufgedächtnis verbunden werden.[12] Zur Eröffnung der Meßfeier kann Wasser gesegnet und ausgeteilt werden: „Das geweihte Wasser soll uns an die Taufe erinnern; Gott aber erneuere in uns seine Gnade, damit wir dem Geist treu bleiben, den wir empfangen haben".[13] Dieser belebenswerte Brauch der Tauferinnerung (früher nach dem ersten Wort des Begleitgesangs „Asperges" genannt) kann einer Gemeinde zugleich bewußt machen, „daß all das, was die Eucharistiefeier uns schenkt, herauswächst aus der österlichen Wurzel der Taufe"[14]. Die Taufe berechtigt und verpflichtet uns, das Gedächtnis des Herrn in der Eucharistie mitzufeiern.

Glaubensbekenntnis

Das Glaubensbekenntnis, ursprünglich in der Taufliturgie beheimatet, fand zu Beginn des zweiten Jahrtausends Eingang in die römische Meßfeier.[15] Es ist am Ende des Wortgottesdienstes nicht nur Antwort des Glaubens auf das Wort der Verkündigung, sondern zugleich ein Stück lebendiger Tauferinnerung.
In der erneuerten Taufliturgie sprechen die Mitfeiernden gemeinsam das Glaubensbekenntnis und stimmen so dem Bekenntnis der Eltern und Paten zu: „Das ist unser Glaube, der Glaube der Kirche, zu dem wir uns alle in Christus Jesus bekennen". In dieses Bekenntnis sind alle einbezogen, von deren Glauben die Kirche lebt. In der Gemeinschaft der Glaubenden braucht einer den andern; alle aber haben in der Taufe ein und dasselbe Fundament für ihr Leben. Die Tauffeier selbst wird zur Tauferneuerung.

Bei der Feier der Firmung hat das Glaubensbekenntnis in der Frage- und Antwortform der Taufliturgie seinen festen und notwendigen Platz, denn die Taufe erhält in der Firmung ihre volle Kraft und die Firmung besiegelt und vollendet die Taufe. Vom Firmbewerber wird verlangt, daß er fähig ist, „das Bekenntnis, das bei seiner Taufe abgelegt wurde, zu erneuern"[16]. Die Spendung des Firmsakramentes beginnt daher mit einer Tauferinnerung und -erneuerung.

Nicht nur am Anfang des Christenlebens, sondern auch an seinem Ende steht das Glaubensbekenntnis. „Es empfiehlt sich, daß der Kranke vor dem Empfang der Wegzehrung das Bekenntnis des Glaubens, auf den er getauft ist, erneuert."[17] Die Fragen und Antworten des Taufbekenntnisses wollen noch einmal den Glauben bestärken, daß die Taufe zur Auferstehung und zum ewigen Leben führt. Im Blick auf seine Taufe vermag der Sterbende die letzte und entscheidende Strecke seines Weges in der Nachfolge Jesu Christi zu gehen.

Vater unser

Sicher war um das Jahr 200 das Vaterunser das erste Gebet, das der Neugetaufte mit den Gläubigen in der auf die Taufe folgenden Eucharistiefeier sprach.[18] Ungefähr hundert Jahre früher galt das Vaterunser bereits als das tägliche Gebet der Christen; die Zwölfapostellehre enthält folgende Anweisung: „Auch sollt ihr nicht beten wie die Heuchler, sondern wie der Herr in seinem Evangelium befohlen hat, so sollt ihr beten: Vater unser... Dreimal am Tag sollt ihr so beten"[19] (8,2—3). Später wurden die erwachsenen Täuflinge in der Taufkatechese eindringlich ermahnt, das Vaterunser (zusammen mit dem Glaubensbekenntnis) „von nun an ihr ganzes Leben hindurch alle Tage zu gebrauchen, und zwar am Morgen und am Abend"[20]. Lange blieb das Vaterunser das Gebet, mit dem ein Christ seinen Tag begann und beschloß, sich des Anfangs seines Christenlebens erinnerte und nach seiner Vollendung ausschaute.

Das Vaterunser ist und bleibt das erste der Grundgebete der Getauften. Wer Gott zum Vater hat, hat in Christus Brüder und Schwestern. Das Vaterunser macht die Beziehungen bewußt, die das Sakrament der Taufe stiftet. Das Gebet des Herrn – diese „kurze Zusammenfassung des gesamten Evangeliums" – will helfen, daß das Beten und Leben der Christen in der Kraft des Wortes Christi wächst und sich entfaltet.[21]

Taufdank

Das Vaterunser mit seinem Lobpreis und seinen Bitten kann zu einer bewußten Tauferneuerung führen. Vor allem am Jahrestag der Taufe, am Geburtstag oder am Namenstag ist ein ausdrücklicher Dank für die Taufe sinnvoll und angebracht:

„Ich danke dir, Vater im Himmel, daß ich aus Wasser und Geist neu geboren wurde in der Taufe. Ich darf mich dein Kind nennen, denn du hast mich aus Schuld und Tod gerufen und mir Anteil an deinem Leben geschenkt.
Ich danke dir, Jesus Christus, Sohn des Vaters, für deinen Tod und deine Auferstehung. Wie die Rebe mit dem Weinstock, so bin ich mit dir verbunden; ich bin Glied an deinem Leib, aufgenommen in das heilige Volk zum Lob der Herrlichkeit des Vaters.

Ich danke dir, Heiliger Geist, daß deine Liebe ausgegossen ist in unsere Herzen. Du lebst in mir und willst mich führen zu einem Leben, das Gott bezeugt und den Brüdern dient. So kann ich einst mit allen Heiligen das Erbe empfangen, das denen bereitet ist, die Gott lieben".[22]

Von diesem schlichten neuen Gebet, das neutestamentliche Aussagen aufgreift, spannt sich ein weiter Bogen bis zu einem wohl im frühen zweiten Jahrhundert in Syrien entstandenen Hymnus, der die Taufe mit dem ansprechenden Bild „Der Herr, die Sonne, erweckt zu vollkommenem Leben" dankbar beschreibt:

„Wie die Sonne eine Freude ist für die, die nach ihrem Tag verlangen,
so ist meine Freude der Herr.
Denn er ist meine Sonne,
und seine Strahlen haben mich aufstehen lassen,
und sein Licht hat alle Finsternis von meinem Angesicht vertrieben.
Erhalten habe ich durch ihn Augen,
und geschaut habe ich seinen heiligen Tag.
Geworden sind mir Ohren,
und gehört habe ich seine Wahrheit.
Geworden ist mir das Denken der Erkenntnis,
und ich bin ergötzt worden durch ihn.
Den Weg des Irrtums habe ich verlassen,
und ich bin hingegangen zu ihm und habe empfangen Erlösung von ihm ohne Mißgunst.
Und nach seiner Gabe hat er mir gegeben,
und nach der Größe seiner Schönheit hat er mich gemacht.
Ich habe angezogen die Unvergänglichkeit durch seinen Namen,
und ich habe abgelegt die Vergänglichkeit durch seine Güte.
Der Tod ist vergangen vor meinem Antlitz,
und die Unterwelt hat aufgehört durch mein Wort.
Und es ist erwachsen im Lande des Herrn Leben ohne Tod
und ist bekannt geworden seinen Gläubigen
und ist gegeben worden ohne Abzug allen denen, die auf ihn bauen.
Halleluja".[23]

Tertullian, der erste bedeutende lateinische Kirchenschriftsteller, schrieb um 200 eine Schrift „Über die Taufe", die mit den Worten beginnt: „Glückhaftes Sakrament unseres Wassers..."[24] Jede Tauferneuerung zielt auf diese verheißungsvolle geistliche Erfahrung.

Werner Groß

Anmerkungen

[1] Eugen Walter, Quellen lebendigen Wassers. Freiburg ²1956, 12–13.
[2] Zit. in: Karl Becker, Wahrhaft selige Nacht. Freiburg ²1953, 169.
[3] Vgl. Balthasar Fischer, Formen gemeinschaftlicher Tauferinnerung im Abendland, in: Liturgisches Jahrbuch 9 (1959), 87–94; ders., Formen privater Tauferinnerung im Abendland, in: a.a.O. 157–166.
[4] Grundordnung des Kirchenjahres. 1969, Art. 27. Vgl. Adolf Adam, Das Kirchenjahr mitfeiern. Freiburg 1979, 81–101.
[5] Meßbuch für die Bistümer des deutschen Sprachgebietes. 1975: Präfation für die Fastenzeit I.
[6] Fischer a.a.O. 93.
[7] a.a.O.
[8] Meßbuch. 1975: Tagesgebet am Weißen Sonntag. Vgl. dazu: Anton Bauer/Heribert Feifel, Mit der Kirche beten 2. Stuttgart 1978, 100–103.
[9] Zweites Vatikanisches Konzil, Liturgie-Konstitution, Art. 106.
[10] Hugo Aufderbeck, Wortgottesdienste. Graz 1979, 3.
[11] Meßbuch. 1975: Präfation für Sonntage I.
[12] Rupert Berger, Kleines liturgisches Wörterbuch. Freiburg 1969, 44–45. Vgl. Balthasar Fischer, Von der Schale zum Kern. Einsiedeln und Freiburg ²1980, 40–42.
[13] Meßbuch. 1975, Anhang I: Das sonntägliche Taufgedächtnis.
[14] Fischer, Tauferinnerung 94.
[15] Vgl. Josef Andreas Jungmann, Missarum Sollemnia I. Wien ⁵1962, 591–606.
[16] Die Feier der Firmung in den katholischen Bistümern des deutschen Sprachgebietes. 1973, Vorbemerkungen, Nr. 5.
[17] Die Feier der Krankensakramente. Die Krankensalbung und die Ordnung der Krankenpastoral in den katholischen Bistümern des deutschen Sprachgebietes. 1975: Die Wegzehrung.
[18] Vgl. Franz Joseph Dölger, Das erste Gebet der Täuflinge in der Gemeinschaft der Brüder, in: Antike und Christentum 2 (1930), 142–155, hier: 148f.
[19] Übersetzung aus: Die Zwölfapostellehre. Hrsg. von Ludwig A. Winterswyl. Freiburg 1939, 21–22.
[20] Josef Andreas Jungmann, Pater noster und Credo im Breviergebet – eine altchristliche Tauferinnerung, in: ders., Gewordene Liturgie. Innsbruck 1941, 165–172, hier: 168.
[21] Vgl. Heinrich Schürmann, Das Gebet des Herrn. Freiburg 1958, 106–114. Das oben angegebene Zitat stammt von Tertullian († nach 220) und ist a.a.O. 9 zu finden.
[22] Gotteslob 50,2.
[23] Oden Salomos 15. Übersetzung aus: Edgar Hennecke/Wilhelm Schneemelcher, Neutestamentliche Apokryphen in deutscher Übersetzung II. Tübingen ³1964, 594–595. Vgl. Heinrich Schlier, Der Brief an die Epheser. Düsseldorf 1957, 241.
[24] Bibliothek der Kirchenväter 7. Kempten und München 1912, 275.

Mit wehendem Mantel eilt David herbei. Er erhebt bittend seine Hände zu Gott. Aus der Wolke greift die Hand Gottes. Sie setzt David eine Krone aufs Haupt. Die Krone ist mit einem Edelstein besetzt. David verdankt Jahwe diese Bestätigung seines Königtums. Die bittenden Hände des David werden zu aufnahmebereiten, offenen Hände eines Mannes, der die Gabe Gottes erbeten und jetzt empfangen hat.

„Du kröntest ihn mit einer goldenen Krone" (Ps 21,4).

Rechts steht ein Mann. Er weist mit mahnender, belehrender Geste auf diese Krönung des Königs David, von der in der Heiligen Schrift so nicht berichtet wird.

Will er an das Gegenbild erinnern? Nach dem Sieg über die Ammoniter nimmt David ihrem König die Krone vom Haupt. Er entdeckt, daß ihr Gewicht ein Talent Gold beträgt. Ein kostbarer Stein ziert diese Krone. Als Beute nimmt er sie mit. Die Krone des Ammoniterkönigs wird zur Krone des David. Er selbst eignet sich diese Krone an (vgl. 2 Sam 12,30).

Hier die Auszeichnung mit königlicher Würde, die Beauftragung zum Führeramt in Jahwes Namen. – Dort die selbstangeeignete, erbeutete Würde und Hoheit.

In der Taufe erhalten wir eine königliche und priesterliche Würde. Wir eignen uns nicht selbst eine Würde an.

In der Taufe lassen wir uns von Gott beschenken und beauftragen; denn es ist uns zugesagt:

„Ihr aber seid ein auserwähltes Geschlecht, eine königliche Priesterschaft, ein heiliger Stamm, ein Volk, das sein besonderes Eigentum wurde, damit ihr die großen Taten dessen verkündet, der euch aus der Finsternis in sein wunderbares Licht gerufen hat" (1 Petr 2,9).

Dne inuirtute tua lætabitur rex
& sup salutare tuum exultabit
uehementer
Desiderium cordis eius tribuis
ti ei: & uoluntate labiorum eius
non fraudasti eum DIAPSALMA
Qm præuenisti eum inbenedictionibus
dulcedinis
posuisti incapite eius coronam delapide
pretioso

Psalmtexte zu den Miniaturen aus dem Stuttgarter Bilderpsalter

Bild 1: Seite 19 – Bilderpsalter fol. 80 v:

Sie gaben mir Gift zu essen, für den Durst reichten sie mir Essig. (Psalm 69,22)

Bild 2: Seite 27 – Bilderpsalter fol. 28 v:

Er läßt mich lagern auf grünen Auen und führt mich auf rechten Pfaden, treu seinem Namen. Muß ich auch wandern in finsterer Schlucht, ich fürchte kein Unheil. (Psalm 23,2–4a)

Bild 3: Seite 35 – Bilderpsalter fol. 62 r:

Höre, mein Volk, ich rede. Israel, ich klage dich an, ich, der ich dein Gott bin. (Psalm 50,7)

Bild 4: Seite 43 – Bilderpsalter fol. 50 v:

Denn so hast du es gefügt. Du strafst und züchtigst den Mann wegen seiner Schuld, du zerstörst seine Anmut wie Motten das Kleid. (Psalm 39,10b.12b)

Bild 5: Seite 51 – Bilderpsalter fol. 24 r:

Nun bin ich gewiß: der Herr schenkt seinem Gesalbten den Sieg. (Psalm 20,7b)

Bild 6: Seite 59 – Bilderpsalter fol. 65 r:

Ich aber bin im Haus Gottes wie ein grünender Ölbaum; auf Gottes Huld vertraue ich immer und ewig. (Psalm 52,10)

Bild 7: Seite 67 – Bilderpsalter fol. 161 v:

Jerusalem, preise den Herrn, lobsinge, Zion, deinem Gott! Denn er hat die Riegel deiner Tore festgemacht, die Kinder in deiner Mitte gesegnet. (Psalm 147,12–13)

Bild 8: Seite 77 – Bilderpsalter fol. 24 v:

Du kröntest ihn mit einer goldenen Krone. (Psalm 21,4)